Bibliographische Information der Deutschen Nationalbilbiothek
Die Deutsche Nationalbibliothek verzeichnet diese Publikation
in der Deutschen Nationalbibliografie, detaillierte bibliografische
Daten sind im Internet über http://dnb.dnb.de abrufbar.

© 2015 Agnes Benninger
Herstellung und Verlag:
BoD – Books on Demand, Norderstedt
Alle Rechte vorbehalten
Ohne Genehmigung der Autorin dürfen Inhalte nicht weiter gegeben oder veröffentlicht werden.
Mit der Bitte um Achtsamkeit – DANKE.

ISBN: 9783738630107

BRÜDER UND SCHWESTERN IM WANDEL

"IN DER SEELE LESEN"

Agnes A.
ANAIA GOLD

"IN DER SEELE LESEN"

Achtsam sein mit dem Gewebe des Lebens...
... mit dem Gewebe eines jeden Lebens...

DAS LEBEN IST KOSTBAR
ES GIBT UND OFFENBART
SICH UNENTWEGT
DANKE

INHALTSVERZEICHNIS

IN DER SEELE LESEN	8
VERBINDUNG	10
DIE HEILIGE REISE	10
DU UND ICH	12
BRÜDER UND SCHWESTERN	
AUF DER HEILIGEN REISE	13
NEUES LEBEN NEUE ERDE	15
DAS VERSPRECHEN	17
DIE LESUNGEN	18

BRÜDER UND SCHWESTERN – IHRE REISE

SELUR	20
FARIMA	42
TIA RA	65
SILVARA	84
BEGUN	99
BEVEDO	113
LARGAN	131
URMIA	156
SILVARA zweite Lesung	175

NACHWORT 194

IN DER SEELE LESEN

Dieses LESE BUCH ist allen Menschen dieser Erde gewidmet.
Der Erde, dem Himmel, dem Kosmos. Dem Sichtbaren und dem Unsichtbaren gleichermassen.
Der Schöpfung, die sich in mir, in dir, in uns allen auf einzigartige Weise offenbart.

Dieses Buch ist Erinnerung daran und Dank dafür das du Schöpfung bist und Teil dieser Schöpfung. Das du Schöpfer und Mitschöpfer bist. Was dich zu einem einzigartigen Ausdruck von Leben macht. Das Leben, das du bist, ist soviel mehr als DU, ICH, WIR darüber wissen und was wir darüber gelernt haben.
Wir alle sind SEELEN, ja geistige Wesen auf einer Reise. Einer Reise, die auch im Körper, in der verköperten Welt stattfindet. Wir sind hier auf der Erde, diesem wunderschönen Planeten. Diesem wundervollen Stern unter Sternen.

Unzählige Reisen liegen hinter uns. *Reisen, die uns tief hineingeführt haben in die Materie und die uns nun in der Materie dafür öffnen LICHT ZU SEIN.* Die Zeiten der Verköperungen wollen ganz durchlichtet werden. Tiefe und weite Seelenbewegungen, die uns Menschen nun mehr und mehr erinnern an unser wahres Sein.

In der Seele lesen ...

Eine Führung... schön, reich und gehütet. Wörter... Berührungen lebendigen fliessenden Seins nach innen und nach außen.
Alles wird zu einem tieferen weiteren Erkennen, Fühlen und Wahrnehmen. SEELENSPRACHE "SPRICHT"...

Das Leben ist soviel mehr ...

der Mensch ist soviel mehr...
Das Lesen in der Seele ist Leidenschaft, Liebe, Glück, Wunder und tiefste Berührung. Und vieles, was gar nicht benannt werden kann. Faszination und Begeisterung schwingt empor. Mit Worten werden wundervolle empfindsame Töne und Bilder

gemalt.

SEELENLESUNGEN sind FÜHRUNGEN, die die schöpferischen Kräfte der Seele, des Geistes und des Körpers aufnehmen und annehmen. Je tiefer Mensch dem Klang, dem Ton, den Farben, den Bildern lauscht, ja sie offenen Herzens FÜHLT... umso mehr wird wach...

DIE HEILIGE REISE
DEINE HEILIGE REISE
MEINE HEILIGE REISE
UNSERE HEILIGE REISE

Jeder Mensch ist ein wundervolles Wesen. Ein Lichtwesen, das sich hier auf der Erde in FORM EINES MENSCHEN zeigt, ja ausdrückt.

Einen Bogen zu spannen aus der unsichtbaren Welt in die sichtbare und aus der sichbaren in die unsichtbare Welt berührt tief..

MENSCH WESEN WESEN MENSCH
verkörperte Licht "Gestalten"
Licht "Gestalter"

VERBINDUNG

Die Verbindung zur eigenen Seele kann niemals getrennt werden. SIE IST. Immerwährend. Ewig.
Immer mehr Menschen kommen jetzt mit der Erinnerung an diese VERBINDUNG zur eigenen Seele in Berührung. Sie werden hier und jetzt konfrontiert mit der Tatsache *seelisch geistig und körperlich zu existieren. EXISTENZ WIRD NEU ERFAHREN.* Welten bewegen sich. Weltbilder tauchen auf, geraten ins Wanken. Und Halt, der lange gedient hat, funktioniert nicht mehr wirklich. Die Bewegungen des Lebens selbst werden stärker. Tiefer. Das Leben selbst ist es, das erfüllt ist von unzähligen WECKRUFEN,

die nicht mehr verstummen wollen. Kaum das es Pausen gibt in den Wellen, die heranrollen hoch und höher. Um uns mit dem Wasser des Lebens in Kontakt zu bringen, das nun von uns, jedem einzelnen Menschen gereinigt werden darf.

Auf das DAS WASSER DES LEBENS wieder frei und rein in uns fließe. Um uns fließe.

DIE HEILIGE REISE DER SEELE!

Eine Wanderschaft, deren Anfang lange vergessen. Deren Verlauf sichtbare und unsichtbare Welten umfasst. Im Hier und Jetzt angekommen, scheint das Licht auf uns Menschen mehr denn je. Es scheint weit und tief hinein in unser Innerstes. Es berührt da, wo schon ewig kein Licht mehr hin kam. Es berührt alles was im Dunklen lag. Was ungesehen und vergessen war. Auf dieser heiligen Reise begegnen wir nun uns selbst auf eine Weise, die uns unbekannt ist. Und jede, jeder wird auf einzigartige Weise angesprochen.

Nicht jeder Mensch "hört" das Licht gleichermaßen. Nicht jede Frau, jeder Mann kann diese "Stimmen" gleich aufnehmen, wirken lassen. Ja spüren. Denn jeder einzelne Mensch ist an seinem eigenen Punkt der Reise. Hier geht es jedem MENSCH WESEN anders. Oft verstehen wir einander nicht, weil die Orte auf der Reise - wo jeder für sich ist - sehr unterschiedlich sein können. Oder es mag geschehen, das wir, obwohl wir dieselbe Sprache sprechen, doch in keine Verbindung miteinander kommen. Es ist oft so, das wir uns selbst und einander nicht verstehen.

Ja die heilige Reise der Seele des einzelnen Menschen bringt sovieles hervor. All dies ist manchmal verwirrend und undurchschaubar. Und es dauert oft geraume Zeit bis sich die Schleier lüften und neue Einsichten frei gegeben werden. Was für die einen ganz natürlich geworden ist, ist für die anderen unbekanntes Land. Ja fremdartig und ja wie eine andere Welt.

Mensch erkenne dich selbst...

Viele von uns bewegen sich schon längere Zeit auf den PFADEN DES ERWACHENS. Wiederum jede, jeder in eigener Geschwindigkeit. Auf eigene Art und Weise.

INDIVIDUELL EINZIGARTIG
DIE ALCHEMIE DES PERSÖNLICHEN ERWACHENS
DES EIGENEN WANDELS

DU UND ICH

Wir sind hier auf der Erde in einer Zeit, die uns stärker als je zuvor mit Wandel und Veränderung konfrontiert. Einem Wandel, der zuerst in unserem eigenen Inneren geschieht. *Du und ich wir sind der Wandel.* Wir alle sind Brüder und Schwestern auf der heiligen Reise. Auf einer zutiefst individuellen Reise, die dennoch immerwährend eine gemeinsame Reise ist. Niemals waren wir verloren. Immer – obwohl wir dies vergessen haben – waren wir geborgen und getragen von der EINEN SEELE. Wir waren immer TEIL EINER WELT – TEIL DES GANZEN. IMMER UNSICHTBARES UND SICHTBARES. Und nun da das Licht die Erde mehr und mehr berührt... der Himmel und die Erde uns mehr und mehr Bewusstsein schenkt, haben wir die Chance, GÖTTLICHES REIFEN zu erfahren, zu leben. In jedem Mensch Wesen ruht der göttliche Same. Die Saat des Christus.

WACH WERDEN...wir beginnen zu wachsen, zu werden. Um den Samen, die Saat in uns zum Leben zu erwecken. Um in uns und um uns das Licht wahrzunehmen, ja zu gebären. Auf das der einzelne Mensch erstarke. Auf das der einzelne Mensch wieder MENSCH UND WESEN IST. *Und diese Kraft des EINS SEINS verkörpert.*

All unsere geistig seelischen Potentiale und Ressourcen werden wieder wach. Beginnen sich zu strecken und zu recken. Stehen auf...

AUFRECHT AUFRICHTIG
...das Gesicht lächelnd dem Himmel und der Erde zugewandt...
...DU UND ICH...
WIR

BRÜDER UND SCHWESTERN AUF DER HEILIGEN REISE

MENSCHEN ERWACHEN. Was kann es Schöneres geben als aufwachen zu dürfen?
Dies alles ist nicht immer einfach. Nicht immer angenehm. Es ist stark, kraftvoll und oft kaum zu tragen, zu ertragen. Und doch: Welch Geschenk des Lebens, das wir hier und heute erhalten. Das uns hier und jetzt zu Teil wird. Es kann sein, das hier Einige aufstöhnen! Das viele auf die Welt zeigen und sagen: Schau doch wie es überall aussieht. Schau doch überall nur Probleme... Und doch: Niemals vorher war soviel Licht und Liebe hier auf der Erde. Niemals zuvor hat sich in den Tiefen der Menschen soviel Licht bewegt. Soviel Liebe gezeigt. Berührt vom ewigen Funken – vom ewigen Leben – wird die NATUR DES LEBENS wieder erkannt. Die künstlichen Welten werden immer offensichtlicher. Die kollektive Geschichte der Menschheit zeigt sich mehr und mehr.
Alles was uns einst einschlafen ließ, verliert nun seine Wirkung. Alles was unsere Wahrnehmung trübte und verfälschte kommt ans Licht. UNSERE AUGEN ÖFFNEN SICH UND SEHEN. Dieses Sehen wird die Welt, wie wir sie kennen, verändern.

Auf den Grund und Boden des Lebens schauen.
SEHEN WAS WAHR IST.

Wir sind EIN VOLK - Menschen auf einem Land, der Erde.

Alles was der Einzelne, die Einzelne denkt, fühlt oder wie er/sie handelt wirkt sich auf alle Anderen aus. Wir sind immerwährend miteinander verbunden und wir sind voneinander abhängig. Nun

sind wir damit in Kontakt, was dies für jede und jeden von uns bedeutet.
JETZT
haben wir die Chance unseren eigenen individuellen Entwicklungsprozess hin zum wahren Menschen zu machen. Zu einem Menschen, der die Wahhaftigkeit des Seins nicht mehr verleugnet aus Angst.

Ein Menschen sein, der lernen will und kann...
um das sensible Gewebe des Lebens
zu achten, zu ehren und zu schützen.

Hier und jetzt kommt uns Verantwortung entgegen. **VERANTWORTUNG** für unser eigenes Leben. Für das Leben ansich. Das Leben ist uns gegeben und mit dieser **GABE** haben wir ein immenses Potential zur Verfügung, das sich durch uns formt und zeigt.

Wir sind Bruder und Schwester.
Wir sind Schöpfer und Schöpferin.
Wir sind Mitschöpfer und Mitschöpferin.

Spürst du die Kraft in dir? Spürst du das Leben in dir, das dich auffordert Wandel und Veränderung als die Natur des Lebens anzuerknnnen?
Spürst du Bruder, spürst du Schwester wie wichtig deine Liebe, dein Herz für uns alle und die Erde ist?

HEUTE IST UNSER HERZ GEFRAGT. ES TRÄGT DIE STIMMEN DER LIEBE, DES FRIEDENS. DIE STIMMEN VON RESPEKT, WÜRDE UND ACHTSAMKEIT.

DIESE SPRACHE IST IN JEDEM MENSCHEN ZU HAUSE.
DIE SPRACHE DES HERZENS
DER SEELE...
die immerwährend ihre Lieder der Liebe, des Friedens,

der Freude

des Glücks...
singt.

NEUES LEBEN NEUE ERDE

Wandel und Veränderung tragen deinen Namen. Den Namen von dir Bruder, den Namen von dir Schwester. DU BIST DAS NEUE LEBEN. Durch dich wird Wandel und Veränderung zu einem Gesicht, einer Gestalt. Zu Gedanken, Gefühlen, Worten und Werken. Deine seelisch geistigen Bewegungen – dein in deinem Innersten stattfindender Prozess – fordert dich immer wieder heraus. Dein Leben bringt dir Situationen, die dich auffordern tiefer zu gehen. Dich tiefer mit dir selbst und deinem Empfinden auseinander zu setzen. Die Erfahrungen, die du durchläufst sind voller Informationen für dich und deine Entwicklung. Für dich und dein Erwachen. Enorm wichtig wird für jede und jeden von uns mehr und mehr, das wir uns selbst und unserer Entwicklung vertrauen. Um uns diesem Wandel noch viel mehr anzuvertrauen. Wieder lernen auf uns selbst zu hören!

Du bist einzigartig Bruder.
Du bist einzigartig Schwester.
Deine Erfahrungen lehren dich wer du bist und was du hier in dir verändern, ja verwirklichen willst.
Sie lehren dich zu sein wer du sein kannst.
Unter all den Deckmänteln der Oberflächen, der Künstlichkeit ruhen UNSERE WAHREN SCHÄTZE. *Jene Schätze, die Bewusstsein in Bewegung zu Tage fördert.* Bewegung und Berührung führen dich und wenn du dich von dir selbst und deinen Erfahrungen leiten lässt, wirst du immer mehr entdecken, was dir persönlich wichtig ist. Was für dich wesentlich ist. Die Verbindung zum eigenen Herzen, die von Respekt und Wertschätzung gegenüber allem Leben spricht, bringt dich in tiefe Berührungen mit dir selbst. Es ist nicht so leicht, wenn deine/unsere Illusionen zerschellen. Und doch: All das ist dazu da dein *wahres Wesen* und deine wahren Träume IN DIR zu befreien.

Das Herz – DEIN HERZ MEIN HERZ UNSERE HERZEN – alle Herzen wissen um Liebe. Sie alle tragen den Stoff der Liebe in sich. Den Stoff aus dem alles Leben gewebt ist.

Sei herzlich Willkommen hier auf der Erde
mein Bruder, meine Schwester!

Heute sehe ich viel mehr von dir als je zuvor. Urteile und Bewertungen trennen mich nicht mehr von dir. Weil ich die Trennungen in mir geSEHEN habe und weil ich mich meinen ureigensten Verletzungen zugewandt habe. Sich selbst und die eigenen Wunden erhören! Sich selbst heil werden lassen, gibt den Blick frei auf die Güte, die jedes Leben – dein Leben mein Leben ja alles Leben - in sich trägt. Segen wird uns zuteil, wenn wir uns selbst wieder annehmen und lieben können wie wir sind. GNADE ist nicht nur was für Heilige – DAS LEBEN SELBST IST GNADE.

Ein Mensch kann die Welt verändern.

Du Bruder kannst die Welt verändern.
Du Schwester kannst die Welt verändern.
Ich kann die Welt verändern.
Möge unser Licht leuchten.
Unser Herz strahlen.
Unser Geist fliegen.
Unsere Seele lächeln.

DAS VERSPRECHEN

Ein Klang der ganz tief berührt. Weich und weise... fühlendes mitfühlendes Wesen das sich niederlässt... Ja das Versprechen

berührt die Erde. Die Erde nimmt es auf. Sie trägt es. Auf das es wachse und gedeihe. Auf das es leuchte in allem was ist.
Das Versprechen – wundervolles Licht voller Informationen – wird uns geschenkt. Kommt bei uns an. Jeden Tag aufs Neue. Es enthält soviel Liebe, soviel Weite und Ausdehnung. Sovieles was es erst zu übersetzen gilt. Diejenigen unter uns, die erwachen und die erwacht sind, nehmen dieses Licht an. Durch sie wird es scheinen. Durch sie wird es berühren. Durch sie wird es SPRACHE UND AUSDRUCK, JA WANDEL UND VERÄNDERUNG in verschiedenster Form werden.

DAS VERSPECHEN...*ein Leben in Liebe und Frieden.*
Ein Leben in Respekt und Wertschätzung.
Ein Leben in Freude und Glück.

Die Erde selbst, jeder Mensch
– Frau Mann Kind –
alles Leben
trägt dieses Versprechen in sich.
Die Stimme der Quelle sie spricht...immerwährend...
Hörst du sie Bruder, hörst du sie Schwester?

DU BIST DAS LEBEN.

DIE LESUNGEN

...tauche ein in schöpferische Seelenbewegungen. Sie eröffnen tiefe Einblicke in das Leben und Erleben des Individuums und des individuellen Prozesses. Du triffst hier auf Menschen. Auf Frauen, auf Männer. Auf Brüder und Schwestern. Du betrittst das Gewebe ihres unsichtbaren und sichtbaren Lebens. Sei achtsam. Die Lesungen eröffnen gleichzeitig tiefe Einblicke in das Kollektiv und seine Bewegungen.

Unterschiedliche Wörter, Bilder und Töne... Form und Ungeformtes... du kannst dich berühren lassen. Was immer du erlebst, es wird ebenfalls ganz individuell sein.

MENSCH ERKENNE DICH SELBST
"spricht" in jeder Lesung
Öffne dein Herz ... fließe im Wandel ... in der Natur des Seins ...

SELUR

KLEIDER
HERZ REICH
ROSE

Du kaiserliches Geschöpf wandelst auf der Erde eingeschränkt durch Worte und deren Geist, der nur allzu gefärbt ist von menschlichen Vorstellungen, Wertungen und Meinungen.

Ein kaiserliches Geschöpf auf der Erde...dies vermag nicht einfach zu sein und um weiteren Wirren vorzubeugen, ziehen wir nun dem Kaiserlichen Geschöpf alle Kleider aus, auf das es Mensch sei und nur Mensch. Nun nichts mehr unterscheidet, den einen Menschen vom anderen Menschen, wenn er nackt ist. Menschlich betrachtet... und doch weißt du, das es Unterschiede gibt, indem was ein Mensch verströmt, ja ausstrahlt.

Wende dich deinem Juwel in dir zu, deinem Herzen und heile es von allen "Kleidern". Gib die Kleider frei, ja zieh freien Willens eines nach dem anderen aus, bis du nackt, ja unbedeckten Herzens - reinen Herzens - vor uns stehst.

Wir Gott und Göttin kennen *die Kraft deiner Reinheit*. Deiner kaiserlichen Würde, deiner Souveränität. Deiner weiten ja unendlich weiten Sicht, die so vieles einschließt, was die neue Erde umfasst. Der Kaiser, die Kaiserin! Sieh schauen auf ein großes Reich. Weit ist das Reich... die Grenzen mit freiem Auge nicht erfassbar. Geh nun ein in dieses Reich, dein inneres Reich, dein Herzensreich und lass es erblühen. Ja gestalte es in deiner Vorstellung, deiner Phantasie. Erträume dir dein Reich. Gestatte dir die neue Erde in dir zu erschaffen. Öffne dich für deine Wahrheit. Gott Vater Gott Mutter durchströmen dich! Sie erschaffen sich durch dich an allen Tagen, JETZT.
Deine neuen Aufgaben gestalten sich in deinem inneren Reich, in der Annahme, der Liebe und der umfassenden Erkenntnis dieses Reiches. Erlaube der neuen Energie JETZT und immer wieder im JETZT da zu sein und vergiss nicht, die alten Kleider

auszuziehen.

Werde Mensch auf der Erde. Einer unter vielen und entdecke in dir das Reich Gottes, das Reich unendlicher Liebe und Geborgenheit. Lasse dich hineingleiten in die Geborgenheit dieses Reiches und vertraue darauf, das dieses Reich dich nährt, versorgt und dir alles zeigt, was du sehen möchtest.

SIEH DEIN REICH
SÄE DEIN REICH
WERDE BAUER

Versteh! Wer nicht versteht zu säen, es wachsen zu lassen, zu ernten wird ein schlechter Kaiser sein.

Das herrliche Juwel in dir, dein Herzenshaus, dein Tempel - der Ort deines inneren Gewahrseins - wird dich erfüllen. Auf das überfließt das reine Wasser deiner erwachten Seele, deines erwachten Menschenseins. Es wird auf der Erde fließen und jene berühren, die berührt werden möchten.
Der Bauer entpuppt sich als Kaiser, der Kaiser als Bauer. Versteh die Symbolik. Jede Form der menschlichen Schöpferkraft gebiert neue Formen von Leben. Wenn du verstehen lernst über diese BILDER DES MENSCHSEINS hinauszugehen, wirst du WERDEN.
EIN WUNDERVOLLER ALCHEMISTISCHER PROZESS BRINGT DEN HIMMLISCHEN KAISER, DIE HIMMLISCHE KAISERIN AUF DIE ERDE - GEEINT IN DIR.

Schau auf zum Himmel und genieße seine Gegenwart, seinen Schutz, seine sich dir eröffnende Freiheit und trage ihn in deinem Herzen auf die Erde. Du hast in dir die Kraft des EINEN Herzens und es geht nun um deine Erlaubnis, deine Hingabe an das EINE Herz. Sei dir selbst gnädig, sei dir selbst hold, ja sei dir selbst das Kind in der Krippe. Das Kind das nun in dir in deine Arme - in die Arme seiner wahren Eltern, gelegt wird. Gib es deinem Vater Gott, deiner Mutter Göttin und lass sie EINS WERDEN, lass sie EINEN.
Vater Mutter Kind - das alles bist du in dir in deinem Herzen.

Sei geliebt
sei geliebt
sei geliebt
Du Kind der neuen Welt, der neuen "Stunde"! Deine Kunde reift in dir und du wirst auf deine ureigenste Art und Weise hineinrufen in die Welt und ein Echo, so herrlich wie du es noch nie gehört hast, wird zu dir zurückkehren - auf das du tönst wie du noch nie zuvor getönt hast.

Du wirst im Kreis der ENGEL AUF DER ERDE zu Hause sein. WAS DICH SO TIEF IN DIR BERÜHRT, das deine Tränen der Liebe jene Wunden benetzten, die noch geheilt werden dürfen. Jene Wunden der Menschheit, die entstanden sind aus Unverständnis und mangelnder Selbstliebe. Dadurch werden die Wunden gewandelt und die Menschen werden in ihren Wunden das Licht Gottes, der Göttin entdecken und endlich wieder ins Angesicht der Wahrheit blicken.

Sag uns Geliebte wonach dürstet es dich, wonach sehnst du dich?! Erlaube dir dich auszubreiten in dir, in deinem Herzen und atme ein dein eigen Licht, atme ein dein eigen Leben. Atme die Sonne und den Mond, auf das das weibliche und männliche in dir vollkommen geeint miteinander verschmelzen.

Liebe dich so wie nur du dich lieben kannst.
Achte dich, so wie nur du dich achten kannst.
Nehme dich an so wie nur du dich annehmen kannst.

In deinem Herzen blühen Rosen. Alte Rosen aus alten Welten. Du hast sie eingesammelt über Ewigkeiten und jetzt wirst du diese Rosen, die so wundervoll sind, der neuen Erde übergeben und die Erde wird dir danken. So sehr danken. Geh und pflanze deine Rosen, wo immer du willst. Die Erde wird sich reinigen, erheben. Sie wird mit dir streben... ein Herz, eine Rose sein. Die Erde, deine neue geliebte Erde wird die Kraft der alten Rosen nehmen und aufnehmen. Sie wird die Kraft zulassen und wandeln in die neue Essenz, die neue Energie der ROSENBLUME. Die Rosenblume wird neu geboren und nun, nun endlich wird sie alle Herrlichkeiten offenbaren, die bis jetzt verborgen blieben.
Ihr Engel!!! Engel der Rosen - der gewandelten Rosen, tragt euren Duft hinaus in die Welt. Strahlt euren innigen Schein, der direkt aus eurem Erdehimmel kommt hinaus zu den Menschen.

ERDEHIMMEL ERDEHIMMEL ERDEHIMMEL
EINS EINS EINS
ROSE ROSE ROSE

Alles vollbracht, das letzte Stück Weg erdacht und dadurch erwacht. Strömen, fließen, frohlocken sollst du über die neu gewonnene Freiheit. In ihr wird geboren dein neues Licht, deine neue Sicht.

Du kehrst zurück von den Toten, die du lange Zeit begleitet hast und nun besinnst du dich auf dich, dein neues Leben. Mit den Toten meinen wir jene Menschen, die du noch gehalten hast, obwohl sie schon lange in anderen Lebensformen sind. Teile deiner Selbst sind mitgegangen und nun in dieser Zeit, fällt all das von dir ab. Du kehrst ganz in dieses Leben zurück. Du sammelst dich, du wirst GANZ. Du kommst hier und jetzt an. Bist da und aufgrund deines Daseins erwachsen dir unzählige Möglichkeiten.

Liebes Kind des EINEN VATERS, DER EINEN MUTTER erkenne dich selbst und trage dein Herz in Liebe. Trage dieses kostbare Herz in dir wie einen Thron. Nun nicht mehr ein Thron irdischer Macht, sondern göttlicher Ermächtigung. Du leitest und führst dich nun selbst, denn du bist mit dieser Göttlichkeit EINS und ihr kannst du ganz und gar vertrauen.

Sei stark wie ein Löwe/eine Löwin. Sei stark wie das Land des Löwen/der Löwin. Auch wenn sich vieles bewegt, vieles angeblich deiner Kontrolle entstrebt, so lass dich nicht irritieren.

Sei da, bleibe und trage deinen Thron in dir. Ehre und achte, liebe dich selbst in und mit allem was du bist. Und erkenne das die äußeren Welten, einfach äußere Welten sind. Sie müssen dich nicht bewegen, du musst dich nicht bewegen lassen. Du kannst zentriert weiter *dein Herz* tragen, *deinen Thron* in dir. Denn du bist ermächtigt. ERMÄCHTIGT zu erschaffen.
Ja werde dir gewahr über deine Schöpfungen und erschaffe bewusst und klar.

Lebe und genieße das Leben. Neue Sichtweisen dürfen

erscheinen. Das Leben ist lange nicht so ernst wie du es gewohnt warst. Ergötze dich an lebhaften wilden ja freizügigen Gedanken und Gefühlen. Sperre dich nicht mehr in Schablonen aus alten Begrenzungen.

Öffne dich und lass es fließen. Wer genießt lebt.
Wer Freiheit sät, wird Freiheit ernten.
Sei dir selbst nah und verlasse dich nicht mehr. Wir ich Gott ich die Göttin, wir wünschen dir, das du dich entspannen kannst und das du dich selbst ganz findest. ENTDECKE DICH. Da ist soviel mehr als du denkst. Wir lieben dich und wir sehen dich auf einem schönen Weg wandeln. Die Schönheit des Weges wird von dir erschaffen, indem du deine Schöpferkraft ehrst und anerkennst. ALL-ES, jeder Teil des Weges zeugt von deiner Schöpferkraft und der/die gelernt hat ALL-ES zu ehren, zu achten wird den Himmel auf Erden berühren.

Du kannst den Himmel auf Erden berühren.Wenn du das willst.

FREI DEIN WILLE
FREI DEIN WEG
ES LEBE DIE SAAT

GOLDENE "ZEIT"
SINGENDE SEELE
LICHTDURCHFLUTETES FELD

Die GOLDENE ZEIT ist gekommen.
Diese Zeit, die nun immerwährendes JETZT verkündet, wird aus den Energien gespeist, die dem Jetzt entspringen. Vergangenheit und Zukunft verlieren ihr Wirken.

All das Alte, alles was aus der Vergangenheit noch da ist, bedarf weiterer Wahrnehmung, um den Wandel ganz und gar vollziehen zu können. Aus Menschen werden wieder MENSCHWESEN. Das heißt, Menschen wird wieder bewusst, das sie geistige Wesen sind. Das sie Seelen auf der Erde sind.

In der GOLDENEN ZEIT werden alle Trennungen erkannt, gelöst und erlöst und nun ist es an jedem/jeder Einzelnen wie sich dieser Prozess gestaltet.

Du Geschöpf der EINEN SEELE wirst nun weiter bewegt durch das Leben selbst und in diesen Bewegungen kommen immer mehr die natürlichen Bewegungen des Wandels ans Licht.

Immer mehr wird spürbar, das BEWUSSTSEIN IM HIER UND JETZT - *die volle Präsenz im hier und jetzt* - entscheidend ist für ALLES WAS GESCHIEHT.

Die "Goldene Zeit" ist immer währendes Hier und jetzt.

Dieses Erfahren ändert alles.

Liebe Frau und Mutter lege ab das Kleid der Ohnmacht
und nimm an das Kleid der Macht.
Das Kleid der Macht, das aus Licht, Liebe, Vertrauen und Frieden
gesponnen wurde.
Dieses Gewand ist das Gewand des wahren Lebens.
Eines Lebens das aus der Quelle kommt.
Das von der Quelle gespeist.

Das die Quelle ausdrückt.

Die Quelle, der Ursprung allen Lebens erwartet dich. Deine Heimkehr erwartet dich. Du willst einkehren in dein Zuhause, ja in deinem Zuhause ankommen. Du willst im Zuhause leben - jetzt und immer.

Nun Geliebte folge dem Fluss, der dich zur Mündung bringt. Lasse dich fließen und erlaube dir alles, was dich aufhalten möchte - in dir und außerhalb von dir - anzunehmen, zu bejahen. Wehre dich nicht mehr und lasse die Kraft deines Bewusstseins in alle Situationen und Ereignisse scheinen, auf das sie noch aufdecken, was aufgedeckt werden will. Nichts kann mitgenommen werden, was nicht wahr und integer ist.
Der Fluss fließt und ja, er weiß in sich, wohin der Weg führt. Der Weg nach Hause ist durch dein Herz spürbar und das schließt natürlich auch ein, das du alle Täuschungen, die du in deinem Herzen noch haben magst, gehen lässt.

DEIN HERZ ES STREBT NACH VOLKOMMENER REINHEIT UND EIN JEDES HERZ WEISS UM DIESE REINHEIT.

Ein jedes Herz kennt die Wahrheit - *das Weiß der Liebe* - und dieses Weiß verströmt einen Duft, der mit nichts vergleichbar ist.
Jede Lüge oder Unwahrheit wird in diesem Weiß gewandelt in Licht und es wird ein WUNDER sein, so zu leben.

Der Fluss er fließt und er wird die Mündung erreichen. Die Mündung erreicht, wird er nicht mehr zurück können. Der Fluss wird sich ins offene Meer ergießen....
Ja so ist es. Mit jedem Schritt, den du gehst kommst du näher heran ans Meer. Um einzugehen ins MEER DES EINS SEINS. Und es ist nur zu gut verständlich, das sich alle Ängste erheben, die sich ganz tief in die menschliche Existenz eingeprägt haben. Manche dieser Prägungen wurden so oft und so vielfach geprägt....

ERINNERE DICH NUN AN DEINE HERKUNFT UND BITTE DARUM, DAS DU STETS GEFÜHRT BIST.

Erlaube dir dein Licht mehr und mehr in deinem irdisches Leben zu fühlen und übergebe dich dem VERTRAUEN, DAS ALLEM LEBEN ZUGRUNDE LIEGT.

DAS FUNDAMENT DES WAHREN LEBENS ES IST

SINGENDE SEELE

Die Seele ist es, die nun mehr und mehr INS IRDISCHE LEBEN eindringt bzw. das irdische Leben durchdringt. Die Seele ist es, die sich im irdischen Kleid niederlässt, um ZU SPRECHEN.
Die Seele ist es, deren Stimme du in dir immer mehr hörst und auch wenn ihr Klang erst ganz ganz leise ist, so wird er dennoch stetig "lauter" werden. Mit lauter ist gemeint, das sich der Ton in dir sammelt, immer mehr und mehr wird.....

Spürst du wie dich der Klang deiner Seele anfängt zu erfüllen ......

ERFÜLLEN
ERFÜLLEN
ERFÜLLEN

...so sanft und doch so kraftvoll und stark durchfließt dich DIE STIMME DEINER SEELE....
Und diese Stimme dringt hinaus, fließt von dir. Von nun an an allen Tagen...

Die SINGENDE SEELE erhebt sich. Viele Seelen verströmen nun ihren wahren Klang. Den Klang, den das EINS SEIN hervorbringt - eingegangen in die EINE SEELE und doch GANZ INDIVIDUELL DER KLANG JEDER SEELE.

LICHTDURCHFLUTETES FELD

Der Klang der Seele durchströmt alles und jede Grenze fällt. Jede Trennung wird aufgelöst, erlöst und inmitten dieses Geschehens kannst du immer mehr im Licht durchfluteten Feld SEIN ….

Eingetaucht in die Kraft des Getragen seins
Eingetaucht in die Schönheit des Daseins
Eingetaucht in die Weite und Unendlichkeit deines Herzens

FELD
FELD
FELD

Dein irdisches Feld, deine Verkörperung - alle deine Körper - werden mehr den je vom Licht durchflutet. So wie die Erde selbst, dieses herrliche so große Feld…..
Fühlst du wie deine Füße den Boden berühren wollen. In neuer Leichtigkeit, in neuer Sanftheit, in so großer Liebe.
Du berührst den Boden, den Grund deines Lebens in dir.

DU TRITTST EIN IN DEIN LICHT DURCHFLUTESTES FELD
IN DEINE GÖTTLICHE HERKUNFT
IN DAS BEWUSSTEIN DES EINEN HERZENS
MÖGEST DU UND ALLE DEINE BRÜDER UND SCHWESTERN IM LICHTE DIE WUNDER DES LEBENDIGEN HERZENS LEBEN UND ANNEHMEN

      MÖGE DAS HERZ … QUELLE DES LICHTES
          STRAHLEN UND LEUCHTEN
              IMMER
             SO SEI ES

**REINIGUNG
KLAR SEIN
FREIES HERZ**

Die Stunden verrinnen. Tag reiht sich an Tag und mit jeder Minute die vergeht, wird immer klarer, das ALLES fortlaufend in Veränderung IST. Alles was noch festgehalten wird, sei es noch so gering und wenig, wirkt sich aus und lässt Störfelder auftauchen. Die obwohl schon vieles gewandelt ist, immer noch sehr viel Kraft haben. Diese Kräfte dürfen nicht unterschätzt werden, wobei hier ganz deutlich gesagt wird, das sie auch nicht überbewertet werden sollen. Hier das Maß an Balance zu leben, ist keine leichte Aufgabe.
Und so schreitest du weiter durch die Galerie der Spiegelbilder, die dir jetzt genau zeigen, was noch zu tun ist.
Hinsehen ist eine Eigenschaft, die sich im Leben durch das Leben selbst sehr stark verändert und hinsehen weißt heute sehr viele Eigenschaften auf, die du dir bereits erarbeitet hast.
Und dennoch ist es hier und heute sehr sehr wichtig, noch genauer zu schauen. Noch genauer zu werden. Denn jede noch so kleine Selbstlüge, jeder noch so kleine Selbstbetrug will da sein dürfen.

Dieses Tun hat sich bereits der Veränderung angepasst und begegnet dir nun als einfaches Zulassen.

Hier wirst du weiter wachsen und reifen und alle, ja alle Welten freuen sich sosehr darüber. Ein wundervolles Licht eröffnet sich der Schreibenden hier. Ein Licht aus Wesen, die dich lieben und achten leuchtet.

Dieser Weg der *Reinigung* ist ein Weg, der sehr viel Kraft, Ausdauer und sehr viel Mut erfordert und hier gilt es sozusagen manchmal alle Federn zu lassen.
Alle Federn zu lassen steht für die Kraft, nackt vor sich selbst dazustehen und alles da sein lassen zu können von sehr sehr tief versteckten Ängsten und Räumen, die sich der Verstand zusammenzimmert, um einen Raum, einen Rahmen zu haben.

Diese Räume gilt es nun zu durchwandern. Räume, von denen

man glaubte, das sie schon ganz durchlichtet sind. *Und nun da "hier und jetzt" noch stärker als je zuvor seine Weisheit entfaltet, werden alle Räume noch einmal durchwandert.* Ja dieses sich neuerlich darauf einlassen, sich selbst zu prüfen, sich selbst noch tiefer zu durchlichten, ja diese Wegstrecke zu gehen, braucht neuerlich sehr viel Hingabe.
Diese Hingabe bedeutet sich selbst noch weiter in die Liebe für sich zu bewegen und alles anzuschauen, was einem vermittelt, geliebt zu werden. Was einem vermittelt etwas wert zu sein.

Ja von nun an geht es in eine Zeit, in der nicht mehr das Außen bestimmt, was und wie viel was wert ist. Es geht auch nicht mehr darum, das das Außen bestimmt, was Liebe ist und wie Liebe gelebt werden soll.

Alles wird durch dich selbst so gelebt wie du es für dich in deinem Wachsen und Werden bewusst wahr nimmst und wie du es leben kannst. Es geht darum dich IN DEINER LIEBE AUSZUDEHNEN. In der Liebe für dich selbst. Diese Liebe für dich selbst wird dir zeigen, was du noch möchtest und was du nicht mehr möchtest.
Sie wird dir jede noch so kleine Täuschung zeigen.
Sie wird dich führen und leiten.
Sie wird Türen und Tore öffnen zu einem neuen Verständnis, einem vollkommen neuen Erleben von Liebe und Leben.

Und dies kann nur durch dich und deinen Weg geschehen. Durch dich und deine Bereitschaft weiter zu gehen.
WEITERGEHEN auch dann wenn man glaubt sich im Kreise zu drehen.
Weiter gehen, wenn das Menschliche nicht mehr durch unser Mensch sein gefüttert wird.
Weiter gehen, wenn die Müdigkeit Widerstand bringt und wenn der Körper nicht nach kommt, weil er länger braucht.
Weiter gehen, wenn du keine Ahnung hast wohin.
Weiter gehen, um all das Alte hinter dir zu lassen, obwohl du nichts Neues in den Händen hältst.
Weiter gehen, um im Neuen Land anzukommen... im neuen Land, deinem neuen Leben wohnen.
Weiter gehen, um das neue Leben zu gestalten, zu fühlen, sich zu erfreue...

Weiter gehen, weil das Licht deiner Seele leuchtet und noch mehr leuchten will.
Weiter gehen...bewusst und aus dem Herzen heraus... Geliebte

KLARHEIT ist an sich eine durchdringende Kraft. Sie wird von den meisten Menschen gefürchtet. Gefürchtet, weil sie direkt ist. Gefürchtet, weil sie gnadenlos nach Gesetzen - menschlichen Gesetzen - vorgeht.

....Klarheit und klar sein.....
Hier findet während des Schreibens eine sehr deutliche Ausrichtung statt. Klarheit, sowie sie von Menschen zumeist genutzt wird ist eine Präsenz, die im Leben von Menschen sehr viel angerichtet hat und anrichtet... Denn eben diese Klarheit hat sehr viel mit Manipulation, Hierarchie und sozialem Stellenwert zu tun.
Hier hat über sehr lange lange Zeit ein gewaltiger Prozess an Missbrauch und Täuschung stattgefunden, indem viele Führer/Politiker, Heerführer, Religionsvertreter, Anwälte, Ärzte,.., Obrigkeiten, Lehrer,... diese Art der Klarheit und die daraus resultierende Wahrheit ihr Eigen nannten. Ihre Machtposition wurde durch ihre Art der Klarheit zementiert.
Immer wieder wurden und werden die Finger in die größten Wunden der Menschheit gelegt – ANGST ARMUT GELD FEIND MACHT..... - und somit konnten und können jene durch ihr Wirken eine Art der Klarheit und Wahrheit vortäuschen.
Auf diese Weise haben sich sehr viele Verstrickungen entwickelt, die dem Menschen vorgaukeln, wer und was recht hat und wer und was besser ist. Auf diese Weise wurden und werden weiterhin unzählige Trennungen bewirkt und aufrecht gehalten.

Diese Art der Klarheit macht Menschen vor, das es Menschen gibt, die es besser wissen und es besser können. Weil sie eben auf den Treppen der sozialen Gefüge höher stehen. Ja und weil das ewig schon so ist, MACH(T) EN die meisten mit. Diejenigen die die "niedrigeren Rollen" leben missbrauchen Klarheit ebenso. Indem sie ihr Wissen und ihr Gleich Wert sein verleugnen. Hier wird Macht abgegeben, einfach ignoriert.
In allen sozialen Schichten, in allen Kulturen, in allen religiösen Ausrichtungen, etc. hören Menschen schon lang ihre Herz rufen. Oder ihre Seele flüstert ihnen zu, das eine Umkehr, einen

Einkehr nötig ist.
Auf diese Weise bewegt sich die Menschheit in unzähligen Hamsterrädern und die Verstrickungen werden enger und enger.

Hier, so wird mitgeteilt, *ruhen deine Potentiale.*

Du hast selbst sehr viele Erfahrungen mit Macht in unterschiedlichen Formen erlebt. Auch in deinen früheren Leben. Nun bist du hier, weil es dir sozusagen
IM HERZEN LIEGT, DEN WERT EINES JEDEN HERZENS ZU ERNEUERN. DU WEISST UM DIE REINGUNG DES HERZENS.
Und ja es wird dich selbst erstaunen, was sich in dir noch bewegen wird auf Grund dieser Frequenzen, die durch diese Worte ins Fliessen kommen.
Sei dir hier in diesen Frequenzen näher als je zuvor und du wirst Einstimmungen und Individuationen erleben. Sei dir selbst näher als je zuvor. Sei deinem Herzen so nah wie nie zuvor.

Sei dein Herz. Es offenbart sich dir in seiner GANZEN PRÄSENZ. Was immer durch dich geschehen mag, erlaube es. Erlaube die tiefsten Berührungen und wisse: Das Herz ist ein immenser Raum, den du jederzeit bereisen kannst. Vielleicht ruht hier das größte Abenteuer der Menschheit. Vielleicht entdeckst du......

Hier an dieser Stelle haben *deine Entdeckungen* Platz. Hier an dieser Stelle bist du willkommen mit deinen Wahrnehmungen und dem, was du befreien wirst. Spürst du wie sich dein Herz, dein Licht niederlassen kann....

Klar sein ist ein fließender Prozess, der sich entwickelt. Der durch Wahrnehmung, Annahme und Loslassen wächst und wächst. Das wird bestimmt von der Bereitschaft des einzelnen Menschen. Hier geht es nicht um anerlerntes Wissen, um Prägungen und soziale, religiöse oder sonstige Zugehörigkeiten. Hier geht es um die Frequenz des Herzens, indem ein natürliches Gefühl für Ordnung und Gerechtigkeit ist. DIE NATUR DES HERZEN wieder freilegen, das ist wohl die größte Herausforderung für dich, die Menschheit.

Sagen wir lieber für das MENSCH SEIN - denn auf diese Weise gesprochen, wird jedem einzelnen Menschen seine

Eigenverantwortung wieder zurückgegeben.

DIE REINE KRAFT EINES JEDEN HERZENS DARF WACH WERDEN.

Die reine Kraft des Herzens wird ein Klar sein erschaffen, das
ALLE VERBLENDUNGEN DURCHSCHAUEN LÄSST.
Dieses Klar sein ist ein Klar sein, das aus dem Herzen kommt.
Dieses Klar sein ist voller Gnade, denn es entspringt einer wertfreien, urteilslosen Haltung.
Dieses Klar sein entspringt einer mitfühlenden Haltung.
Dieses Klar sein geht aus Läuterung und Bewusstsein hervor.

In dir wird sich alles offenbaren und dein eigenes Herz wird die Quelle sein, die dich labt an allen Tagen. Deine Wahrnehmen wird stärker und ausgerichteter werden.

Immer wieder gilt es die Frequenzen des Herzens zu spüren.
Immer wieder gilt es zu überprüfen, was antwortet.
Ist es das Herz oder ist es der Verstand, der sich etwas rechtfertigt, etwas formt, von dem er glaubt es sei wichtig und richtig so.

WER SPRICHT UND WER ANTWORTET
WER FÜHRT
WER ERKENNT WAS WAHRHAFT WICHTIG IST - WAS JETZT IST

Das Herz Quell allen Lebens.
Quell allen Seins.
Das Herz Licht verströmendes Werk
DES EINEN GEISTES, DER EINEN SEELE, DES EINEN KÖRPERS.....

Lausche und fühle ALLES IST EINS.

Jeder Mensch kann hier auf Erden EIN FREIES HERZ gebären. Ein freies Herz, das all das Unfrei sein erkannt hat und das sich aus

den menschlichen Verstrickungen löst,
UM WIEDER OFFEN UND WEIT ZU SEIN.

Oh welch Wunder, wenn sich das Herz öffnet und ausdehnt...
WENN ES IN SEINEM SEIN, IN SEINEM SEHEN UND FÜHLEN DAS LEBEN BERÜHRT.
WENN ES IN SEINEM SEHEN UND FÜHLEN DEN GRUND VON ALLEM BERÜHRT - DIE LIEBE.
Dieser Grund ist die Kraft, die allem was ist innewohnt. Licht leuchte...

EIN FREIES HERZ gebären... das Herz annehmen, es empfangen in all seiner Liebe und Reinheit....
Das Herz wahrhaft wieder bekommen
Das Herz erwacht zu fühlen, wahr zu fühlen...erwacht aus einem langem Schlaf, der es klein und eng hielt...

SEI WILLKOMMEN LEBENDIGES GROSSES HERZ

ENTZÜNDET DAS FEUER
ENTZÜNDET DAS LICHT
ENTZÜNDET DER VATER DER SOHN UND DER HEILIGE GEIST
DIE MUTTER WILLKOMMEN UND ENDLICH ZUHAUSE

"DIE FRUCHT" (im freien Sinne) des Leibes Christi ist ein Symbol für das Herz. Es versinnbildlicht das Herz, das aus 2 Kammern besteht, *die nun zu einer Kammer werden*. Das Herz Christi, das Herz des aufgestiegenen Meisters, dessen Name nun in viele Namen übergeht.
Im Namen des EINEN HERZENS erhält nun jeder Mensch seinen eigenen Namen zurück. Dieser Name ward ausgesprochen"...am Anfag war das Wort...." Der Ton ging hinaus...weit hinaus und nun kehrt er zurück, um in der Ankunft offenbart zu werden. Diese Namen werden gefühlt und übersetzt. Auf diese Weise wird die Erde zu einem Ort, an dem NAMEN Frequenzen sind, die weit reichen. Das NEUE NETZ - ein herrliches Netz aus Namen wird all jene verbinden, die EIN HERZ SIND. *Ein Herz sein* wird zum Symbol für Frieden, Liebe und frei sein.

Möge der Himmel seine Tore weiter öffnen.
Möge die Erde ihre Tore weiter öffnen.
Der Christus und alle geistigen Führer sind nun hier mit uns und sie und wir gemeinsam weben das neue Muster - ein Muster das den WAHREN NAMEN derer trägt, die den Ruf annehmen.

SIE

Kein Mensch sie kennt
erst als sie ihr Herz benennt
die alte Fremde geht
eine neue Vertrautheit kommt

Zusammen sein
ein Wunsch und doch ein Traum

Erst wenn sie ankommt in ihrem Raum
zu Hause ist
findet sie die anderen
finden die anderen sie
Möge sie mit jenen sein
die zu ihr gehören
zu denen sie gehört
auf das der Wille geschehe

Der Wille des einen Herzens
indem sich das Leben offenbart

FARIMA

GOLDENE FRAU
MYSTISCHE ERSCHEINUNG
FRAU MUTTER FÜHRERIN
SEI DANK SEI LIEBE SEI BEREITSCHAFT

Wir grüßen dich und erheben uns vor dir, um dich leicht und sanft zu berühren. Mit Flügeln sanft und zart, damit du spürst den Hauch der Bewegung. Nimm wahr die Luft, ihren Hauch…

Wir sind gebeten worden, zu dir zu sprechen. Unsere Worte werden dir übermittelt, auf das du sie lesen, ja wahrnehmen kannst. In unseren Worten sind Bilder getragen, die nur du selbst sehen kannst, wenn du diese Zeilen ließt – immer wieder ließt.

Diese Bilder werden dir Wegweiser. Sie können dich führen und dir zeigen, wer du bist. Du sprichst eine Sprache, die du selbst nicht kennst und so fällt es dir nicht leicht, mit Menschen zusammen zu sein. Du kommst aus einer Welt, die sehr sehr anders ist als die Erde und deine Kraft ist ebenfalls anders als die Kraft der Erde. Doch wie du ja weißt, ist es jetzt Zeit, das die Kräfte die gekommen sind um Gestalt anzunehmen, nun Gestalt annehmen dürfen.
Du hast dich hier fremd, fehl am Platze gefühlt. Alles war unbekannt, ja so anders als die Herkunft in dir. Das hat dir vermittelt, das du nicht passt, das du nicht dazu gehörst. Das hat viele Illusionen in dir und um dich erscheinen lassen, die du jetzt als Illusionen erkennen darfst.

Liebste, Liebste Sternenschwester, Mutter zahlreicher Lichter, zahlreicher Sendungen erlaube dir nun den Vorhang zur Seite zu schieben. Erlaube dir die Welt, in der du jetzt bist, neu kennen zu lernen. Kind der Sterne, der vielen vielen Ewigkeiten werde dir nun deiner Selbst gewahr. Schaue in deine eigenen Augen sooft du kannst, um mit dir selbst in Verbindungen zu kommen.

Nimm dich wahr und versuche dich nicht nur als den Körper zu sehen, indem du wohnst.

Dein Körper spricht, wenn du dir erlaubst "deine Sprache" zu sprechen.
Deine Augen sprechen, wenn du dir erlaubst "deine Sprache" zu sprechen.

Überschreite die Grenze zu dir selbst, die aus deinem Unverständnis entstanden ist und erinnere dich daran, dass du gewählt hast hierher zu kommen. Jetzt in dieser Zeit der großen Veränderungen.

Schwester, Schwester! Du Schwester der Frauen und Mütter!
Was ist deine wahre SENDUNG? Was hast du mitgebracht hierher um es LEBEN zu LASSEN. Dein Herz hat sich versteckt hinter vielen Schichten aus Schmerz und Unverständnis. Doch wenn du jetzt begreifst, ja mit deinem Herzen fühlen kannst, das du hier bist, um etwas zu geben, etwas zu geben das NUR DU GEBEN KANNST, dann kann vieles ja vieles ins Fließen kommen.

GOLDENE FRAU, wir sprechen dich jetzt bewusst als Frau an. Sei Frau und treffe Entscheidungen. Dein Anderssein und deine alten Verletzungen können jetzt dein Antrieb, dein Motor sein dich in Bewegung zu bringen. Du kannst jetzt endlich aufstehen, dich erheben, dich ausstrecken zwischen Erde und Himmel und sagen:
Ja, ja ich bin da. Ja ich habe es gewählt hier zu sein.
Ich habe gewählt nicht verstanden zu werden. Ich habe gewählt hinter einem Vorhang aus Menschsein zu verschwinden.
Nun, denn Jungfer, Jungfrau! Entdecke die vollkommene Reinheit deiner Unversehrtheit, deine jungfräuliche Lebensweise. Stelle dir vor wie du Jungfer, Jungfrau bist und empfange die Bilder, die "Übersetzung" deiner selbst. Du kannst das....wir ich Gott ich die Göttin wir kennen deine Kraft, zu SCHAUEN. Deine Kraft Energie in Bildern zu empfangen, zu übersetzen. Erlebe die Bilder Jungfrau...

Schau Geliebte, schau oft in den Sternenhimmel, schau auf dein Zuhause. Du weißt, wo es ist. Und genieße dein Zuhause zu wissen. Jetzt ist dein Zuhause die Erde, dein Körper, dein Frausein, dein Muttersein, dein Schwester sein...dein Zuhause Mensch sein.

Versöhne dich Lichtsaat mit der Erde. Lass dich Saat nun wachsen und werden, ja reifen. Deine Reife wird neue Saat hervorbringen, auf das die Erde und die Menschen vor Glück weinen.

Deine Saat ist voller Glück! Einem Glück das so rein und kostbar, so unverfälscht und jungfräulich ist. Erkenne dich, erkenne deine Herkunft und ehre deine Ankunft auf der Erde.

Geh in dein Innerstes werde still ganz still und löse dich von äußeren Einflüssen, ja Dingen, die dich in scheinbare Entspannung bringen. Lasse zu, das du still und ruhig wirst, lasse zu, das du ALLEIN es kannst. Das du nichts dazu brauchst, denn du selbst bist genug. Wende dich dir zu. DU DIR und erlaube dir, dich an dir selbst zu erfreuen.

Wir haben eine Idee für dich, die du selbst für dich ins Leben bringen kannst.

Liebste
Liebste
Liebste

…erlaube dir deine Geburt auf der Erde auf deine Weise zu erleben, zu feiern. Ja erlaube dir für dich selbst, jetzt so wie du bist, das du da bist.

Wähle den Tag, wähle die Stunde und heiße dich willkommen. Du bist der Vater, die Mutter. Lach nur jetzt lache! Doch wir wissen, das du uns sehr gut verstehst. Dieses innere und äußere HANDELN wird dir sehr dienen und du selbst bestimmst, wie es gestaltet wird. Wie du es haben möchtest. Du selbst erlaubst dir ein "Geburtsritual", eine GEBURTSZEREMONIE. Wie du es willst und wir sagen dir: Mache es, auch wenn es nicht sehr "irdisch" ist.

Jetzt sind wir es die lachen, denn wir nehmen dein freudiges

Einverständnis wahr und dein wahres Wesen, dass eben anders ist.

Nun ist die Zeit gekommen, dass dein Anderssein da sein darf, dass es sich entfalten und zeigen darf.

Die Stille in dir, dein dir Nahe sein, dein bei dir sein wird es hervorbringen. DEIN WESEN...auf das wir alle feiern und uns freuen.

Wir, ich Gott ich die Göttin, wir ersehnen die Entdeckung deiner Selbst durch DICH. Das ist was geschieht.

Mensch – Wesen erkenne dich selbst.

> *Frau sag deinen eigenen Namen, den nur du weißt.*
> *Frieden sei mit dir und der Ton der EINEN Glocke.*
> *Saram*

DIE SEHNENDE
DAS GELÖBNIS
AUF DIE KNIE

Nach langem Zögern erlaubst du dir nun selbst wieder da zu sein und die Schreibende nimmt auf, was kommen mag.
In dir bewegen sich schon lange so viele Stimmen und es ist für dich nicht einfach zu wissen, welcher dieser Stimmen du lauschen sollst bzw. welche dieser Stimmen dir das sagt, was du wirklich glauben kannst und willst. In all diesen Stimmen schwingen auch solche, die schwere Vorwürfe hin und her tragen. Stimmen, die immer wieder von viel erlebtem Schmerz und von schwierigen Situationen berichten. Diese Stimmen leben schon seit deiner Kindheit in dir und es war und ist für dich immer noch nicht leicht, mit diesen Stimmen zu leben. Aufgrund dieser verschiedenen Emotionen und Gedanken, die diese Stimmen dir zurufen, manchmal auch einfach zuflüstern - manchmal auch suggerieren usw. - *ist es nun Zeit geworden aufzustehen und weiter zu gehen.* Es liegt nun an dir, du Kind des EINEN GEISTES, was du weiter mit deinem Leben machst und wie du weiter gehst. Vor dir liegen unzählige Wege und es ist noch nicht klar, welche du beschreiten wirst.

Auch wenn das vermessen scheint, so gibt es doch einen RICHTUNGSWEISER. Einen, den die Menschen zu meist "benutzen" oder belächeln.
Die wenigsten haben diesen Weiser soweit zugelassen, das sie diese Kraft frei und in Liebe erfahren konnten. Diese Kraft von der gesprochen wird, wird von den Menschen Sehnsucht genannt. Von den Engeln und Meistern, den hohen Lichtern wird sie als SEHNEN, ALS REINE KLARE ESSENZ bezeichnet und so fließt das Licht auf eine wundervolle Weise. Es fließt und es erschafft sich durch sich selbst immer wieder aufs Neue.
Liebe Gesegnete!
Verletztes Kind im Körper einer jungen Frau, du bist nun gefordert zu lernen, zu unterscheiden. Zu lernen, zu unterscheiden, was aus deinen Verletzungen heraus entsteht und was aus deinem Sehnen entsteht. Das mag jetzt eine verwegene Gegenüberstellung sein. Doch es ist im Grunde keine Gegenüberstellung, sondern eine Führung, die dir mitteilen will,

in welchen Programmierungen du dich bewegst bzw. von welchen Programmierungen du bewegt wirst.
SEHNEN! Ja Sehnen ist eine freie große Kraft! Ein Geschenk, von dem das Herz so tief geöffnet und berührt wird. Ein Geschenk, dessen Licht das tiefste Dunkel aufspüren kann. Jeden Schmerz und jede noch so kleine Wunde, die dennoch brennt wie Feuer. Sehnen wandelt, führt, entzündet, lässt nach Innen sinken, vertraut, geht weiter, versteckt sich, will und will nicht mehr,... Endlos was Sehnen alles hervorbringt und ins Leben bringt. Und so ist es wieder einfach nur natürlich, sich diesem Fluss, der da fließt anzuvertrauen. Wenn da nicht das innere Kind wäre, das verletzt ist und wenn da nicht der verletzte Erwachsene wäre.

Sehnen ist dem Menschen inne wohnend. Ein Fühlen, das so rein und klar sein kann wie ein Gebirgsbach oder der Himmel. Sehnen ist so offen und weit, so gebend und dennoch gleichzeitig empfänglich.

SEHNEN BIRGT SOVIEL LEBEN, REINES FÜHLEN
SEHNEN
DER FLUSS DER REINEN GEFÜHLE FLIESST
BLEIBT NICHT STEHEN ODER HÄNGEN
WISSEN UM DIE UNBESTÄNDIGKEIT DURCHDRINGT....

Ja und nun Geliebte willst du eine SEHNENDE sein? Willst du eintauchen in dein Herzensreich, deine Herzensmagie, die voller Licht und Sternenfunkeln ist.

Wenn ja, dann sag: Ich will. Ja ich will. Dieses JA ICH WILL verbindet dich mit deinen Seelenkräften, deinem Geist und deinem Herzen. Und so kannst du dich dem widmen, was geheilt werden will und was gewandelt werden möchte.

So alte Gefühle der Verweigerung und der Weigerung steigen nun hoch und genau hier steckst du selbst immer wieder fest. Diese emotionalen Muster halten dich im Alten und sie erlauben dir nicht, dich zu lösen, um andere Wahrnehmungen zulassen zu können. Es ist als würdest du dir selbst im Wege stehen und wenn du jetzt auf dein Leben schaust, so wirst du wahrnehmen, das du zum Einen darum weißt, zum anderen kommt ein Gefühl des Egal seins auf. Dieses Egal sein ist eine übernommene anerzogene Quelle, die sich immer wieder selbst speist und die dir immer wieder vorgaukelt, das die anderen es sind, die Probleme haben und die nicht richtig handeln und leben. So bewegst du dich in einem Hamsterrad, *was das Sehnen deiner Seele nach Liebe, Freude und Frieden übertönt.*

DEINE SEELE
DEINE SEELE
DEINE SEELE

SEHNENDE
SEHNENDE
SEHNENDE

Spürst du dich selbst - dich selbst...
Ja und wenn du dich Selbst spürst, dann weißt du das Licht und Schatten schon sehr nahe beisammen sind. Das Schmerz und Liebe nun schon ganz nah aneinander sind. *Du spürst, das die Trennungen zu schwinden beginnen und das dein Herz soviel mehr weiß und zulassen kann.* Und du spürst deinen Wunsch nach vollkommener Heilung. Deinen Wunsch nach Liebe.

DEINEN WUNSCH NACH DEINEM WISSEN, DAS KLAR UND REIN WIE EIN DIAMANT IN DIR RUHT.
DU WESEN DES LICHTES AUF DER ERDE...
DU UNENDLICHE REICHE GESTALT
DES EINEN LICHTES....

So bist du hierher gekommen auf die Erde du Wesen des Lichtes mit all deinen Träumen und Wünschen. Mit dem reinen klaren Sehnen nach Liebe, Freude und Frieden. Du hast all dein wundersames Fähig sein in deinen Räumen/Körpern mitgebracht um hier die zu sein, die du bist. Vieles was dich hier erwartete, hat deine klare Ausrichtung übertönt, ja unter schweren Schichten begraben. Begraben mag ein starkes Wort sein und ja an den Tod erinnern. Doch jetzt, da es um Liebe geht, ist es nur recht, den Tod mit ins Spiel zu bringen. Hier auf der Erde ist der Tod in vielen Formen präsent. Er umhüllt, wenn schwere Verletzungen geschehen. Wenn Schocks und Traumen passieren

und sich tief eingraben ins Wesen des Menschen. Anteile des Menschen spalten sich ab, ja können sozusagen tot gestellt ihr Dasein fristen, weil der Mensch - oft das kleine Kind - den Schmerz und das Leid nicht aushält. Und weil Schutz und Liebe fehlen....
Und so verändert sich das Leben oft schon sehr bald zu einem Leben, das immer weiter geprägt wird von unbewusstem verdrängtem Leid und dieses Leid bringt den **TOD DES WAHREN MENSCHEN** mit sich. Alles was in den menschlichen Welten nicht geheilt ist, nicht im Bewusstsein präsent ist, führt ein Eigenleben. Prägt, unterdrückt, sperrt ein, macht unfrei,...Lässt die Herzen schwach und klein werden....

Das GELÖBNIS ist ein Wort, das uns in eine scheinbar alte Welt führt. Man könnte auch meinen in eine religiöse Welt. Doch weder alt noch religiös spielen hier eine Rolle. Das GELÖBNIS erzählt von unserer Seele. Von ihrer unendlichen Liebe und ihrer unendlichen Fülle, die sie für uns bereit hält. Immerwährend. Immerdar. Unsere Seele will nur das Beste, das Liebste für uns und für alle Menschen. Unsere Seele ist GANZ - EINSSEIN und

eins sein hat andere Gesetzmäßigkeiten als das menschliche Konstrukt Leben. Menschliche Konstrukte halten gefangen in Angst, in Ungleichheit,... Sie spielen ständig alle Arten von Trennungen durch und es ist nicht so leicht, sich aus all diesen KÜNSTLICHEN KONSTRUKTEN zu befreien. Die duale Welt hat sich solange eingegraben sprich in Fleisch und Blut... ja und nun entscheidet der einzelne Mensch wie er leben will.

DEINE SEELE TRÄGT IN SICH DAS GELÖBNIS FREI SEIN ZU WOLLEN und dieses Gelöbnis hast du hier in dieses Leben mitgebracht. Dieses Frei sein wollen birgt in sich die größten weitesten tiefsten Kräfte, die das Universum erschaffen und diese Kräfte sind in jedem Menschen präsent. *Diese Kräfte sind rein klar pur unvermittelt.* SIE SIND und es gilt nun daraus zu schöpfen.
Was bedeutet es für dich frei zu sein? Was kommt da alles in dir auf? Wie sieht es aus mit deinem Wunsch heil zu sein. Nicht mehr bestimmt von Verletzungen und Schmerz.
Ja über alles Geliebte! Was ist es, das dir dieses Frei sein am meisten spiegelt, ja wahrnehmen lässt.

Ungeahnt dein Fähig sein zu deinem Wohle und zum Wohle aller...

In die Knie gehen erscheint als Methaper für die Liebe. **Für die Liebe, die du selbst in dir für dich trägst. Die du in dir für dich aufgesammelt hast über viele Zeiten. Soviel Liebe für dich, das deine, die deinen,...geh in die Knie vor dir selbst, deinem Leben und deiner Gnade, die du imstande bist zu verströmen...**
Alle alten religiösen Verbrennungen, Verschmelzungen dürfen sich lösen in dir, in allen,...und möge das SINNBILD IN DIE KNIE GEHEN dich und uns alle in das Wunder Leben führen. In ein Wunder voller Schönheit und Heil

LICHT STRÖME
LICHT STRÖME
LICHT STRÖME

Das Leben ist ein Wunder! Denn es erlaubt dir dich selbst und alles was du je warst, bist und je sein wirst zu lieben. Es erlaubt dir dich selbst vollkommen urteilslos, vollkommen wertfrei anzunehmen. Dich einfach zu lassen. Ja das kannst du verwirklichen und dieses Bewusstsein wird dich GANZ IN DEINER SEELE ANKOMMEN LASSEN.

Zuhause in der Seele. Umhüllt von ihrer Liebe, ihrem Frieden und ihrer Fülle, ihrem immensen Strahlen und ihrer Schönheit wirst du spüren, wohin du willst und was DIR WERTVOLL IST.
Dein weiterer Weg entsteht in dir und du bist es, die bestimmt wohin die Reise geht. **Durch dich und deine Reise kann unendlich viel offenbar werden. Jeder einzelne Mensch hinterlässt seine Spuren im großen Feld, in der EINEN SEELE.**
Wie werden sich deine Spuren ausdrücken? Wovon lässt du dich führen, was leitet dich?
Ist dir bewusst was jeder deiner Schritte bewirkt? Aus was bestehen deine Schritte - aus welchen Absichten gehen sie hervor?

STAMMEN SIE AUS DEINER HEIMAT DEINEM HERZEN... DEINEM HEILEN HERZEN!

FINSTERNIS
DAS DUNKEL UND DAS LICHT
DEIN TON DU KIND DES EINEN HERZENS

FALLEN
FALLEN
FALLEN

Fallen und nicht wissen, ob man aufkommt, ankommt. Du alte Seele nun wieder hier auf Erden, hast nicht damit gerechnet, das du in soviel Finsternis landest. Das du in Finsternis landest und das du dich daran gewöhnst Finsternis zu sehen, zu fühlen. Ja Finsternis anzuziehen und auszusenden.

Oh Seele oh Seele rufen viele Brüder und Schwestern in der unsichtbaren Welt und auch hier auf der Erde in der sichtbaren Welt. Schwester rufen sie und da du sie nicht hören kannst, weichen sie zurück. Sie lassen dich, nicht weil sie dich nicht lieben und weil sie dich verlassen. *Sie lassen dich, weil sie dich sosehr lieben und weil sie wissen, das es an dir ist, die Finsternis zu erkennen*. Die Finsternis, an die du dich sosehr gewöhnt hast, das du sie nicht mehr als Finsternis erkennst. Du hast dich verstrickt im irdischen Wertesystem und urteilst so, wie Menschen es hier lernen. Und da du an deinen Verletzungen festhältst und niemand um dich ist, der dir vorlebt alte Verletzungen loszulassen, ja die Weisheit darin zu empfangen, bleibst du stecken im UR TEIL.

WISSE Geliebte Seele, geliebte Schwester alles ist offen. Offen im Sinne von du kannst wählen. Du kannst wählen dich weiter zu verstccken in der Finsternis. Du kannst das tun. Ja. Es darf so sein.

VERSTECKEN
VERSTECKEN
VERSTECKEN

Was versteckst du? Oh du versteckst deine Ängste, deine Sorgen, dein Ungeliebt sein, deine Wunden und Verletzungen. Oh ja du bist verletzt und niemand hat dir gezeigt, das es nun

da sein darf das Verletzt sein.
DASEIN das Zauberwort wird dir nun in deine Hände gelegt und du kannst nun diese Gabe annehmen. Da sein lassen was dir weh tut und hinschauen, durch was und wann es entstanden ist das Weh. Und ja die VERANTWORTUNG übernehmen für dich und wie du damit umgehst. Unterscheiden lernen, was dir gehört, was anderen. Hier kann unendlich viel gesagt werden über Verletzungen, Wunden, Schmerz....Und doch wird das nicht DAHINTER schauen lassen. Es geht nicht darum all das aufzuzählen und aneinander zu reihen. Ja zu demonstrieren wieviele Verletzungen, Wunden etc, da sind. Es geht um den *Grund der Verletzungen* und was diese Verletzungen hervorgerufen hat. *Wenn ein Mensch HEIL SEIN will, gilt es Schritt für Schritt zu erkennen, das die Wunde das Heil sein in sich trägt.* Das Wunde und Heil sein nicht voneinander getrennt sind.
Die Lösung bzw. Erlösung des Verletztseins liegt immer in einem selbst.

DU KIND DES EINEN GEISTES hast dein "Nest" bezogen hier auf der Erde bei Menschen, die nicht so DA SEIN konnten wie es für dich gut gewesen wäre. Und so hast du dich schon sehr bald zurückgezogen in die Finsternis aus Scheinwelten, Wiederständen, Phantasien,... und vielerlei anderen Verhaltensweisen, die du zum einen von deinen Eltern und anderen abgeschaut hast und zum anderen selbst zusammengedachtgefühlt hast. Und da du immer zwischen verschiedensten starken Emotionen, Gedanken, ja verbalen Angriffen auch körperlicher Gewalt hin und hergerissen wurdest, hast du dich tiefer und tiefer in dich zurückgezogen. Du hast Wut, Druck, Stress, Angst, bedrängt sein, überfordert sein,.... und vieles mehr abgespalten, um überhaupt leben zu können.
Und diese ALTE KINDHEIT trägst du immer noch mit dir herum. Das was deine Mutter fühlte, steckt in deinem Feld. Das was dein Vater fühlte. All das treibt sich immer noch in dir herum. Lässt dich irgendwie ständig taummeln, unsicher werden. Ja zum Teil gelähmt sein. Schwarze dunkle böse Gestalten tauchen immer wieder auf in dir als Gespenster aus der Vergangenheit, deiner Kindheit und du hast keine Kontrolle darüber. Das Dunkle flutet dich und du kannst nicht mehr *unter scheiden*.

Hier an dieser Stelle drängen sich Worte wie GERECHTIGKEIT, RECHT UND VERANTWORTUNG herein und das ist auch gut so. Denn genau hier sind Wege angelegt, die zum Grund führen.

RECHT
RECHTSVERLETZUNG
MENSCHENRECHT

Führungen, die öffnen.

Hier an dieser Stelle bewegen wir uns auf einem Terrain, das darauf wartet ausgelotet und bewusst wahrgenommen zu werden. Hier liegen für die ganze Menschheit Lernaufgaben bereit. Und da das Leben so WUNDER VOLL ist wie es ist, kommen wir zum Elementarsten – ZUM KERN

WILLST DU ZUM KERN VORDRINGEN

Solange sich alle menschlichen Bewegungen weiterhin um richtig und falsch, gut und schlecht drehen, wird jeder Blick, jede Sicht, jede Einsicht getrübt sein. Getrübt von einem Zwielicht, das sich über alles legt. Dieses Zwielicht VERMITTELT, ja zeigt, das doch eh gehandelt wird, das Bewegung da ist. Es zeigt jedoch nicht, was alles in diesem Handeln, diesen Bewegungen enthalten ist. Im Grunde geht es darum tiefer und tiefer hineinzuschauen in die Beweggründe, die antreiben. Die gestalten. Die das hier und jetzt bestimmen.

Wie und warum wählst du dieses und jenes - wie und warum entscheidest du so und nicht anders.... das sind Themen, die aus dir auf dich zukommen. Und gleichzeitig sind das Themen, die sich auch in anderen Menschen auftun. Im Gesamtbewusstsein haben diese Bewegungen eingesetzt. Wie im Großen so im Kleinen. Wie im Kleinen so im Großen. Und da ist es nur gerade RECHT einmal Dank zu äußern. *Danke für die wunderbaren Gelegenheiten , das Leben zu befreien.*

JA IM HIER UND JETZT KOMMT ALLES INS SPIEL WAS DAS SPIEL AUSMACHT.

Nichts kann mehr in der FINSTERNIS versteckt bleiben. Gestalten in Lumpen, Verwahrloste, Geschundene, Verhungerte, Tote,… tauchen nun auf. Gestalten, die aus der Finsternis herausgekrochen kommen. Gestalten, die einst vor langer Zeit in die Finsternis glitten, weil sie keinen anderen Weg gesehen haben. Diese Gestalten, die sich nun als unzählig erweisen, werden in den einen Abscheu und Ekel hervorrufen. In den anderen tiefe Berührung, Heimkehr und Einkehr. Diese Gestalten möchten sich nun befreien von ihrem Los und ihre Bestimmung erfahren.

DIESE GESTALTEN STEHEN FÜR ALLES, WAS MENSCHEN **NICHT** WOLLEN.
SIE STEHEN FÜR ALLES, WAS MENSCHEN ABLEHNEN.
SIE STEHEN FÜR ALLES, WAS SCHLECHT IST.
WAS FALSCH IST.
WAS BEWERTET WIRD.
UND NUN….
NUN DA DIE FINSTERNIS IHRE GESTALTEN FREI GIBT, WIRD SIE SICH OFFENBAREN.
WUNDER GESCHEHEN.

DAS DUNKEL UND DAS LICHT! Das eine ohne dem anderen nicht erfahrbar. Das eine und das andere und nun, nun da soviel mehr Licht herabströmt - sich soviele Tore öffnen - geht es rasant weiter. Obwohl sich vieles dem Licht entgegenstellen möchte, ist klar das sich nichts dem Licht entgegenstellen kann.

Die Veränderungen sind nicht mehr aufzuhalten.
Und so dürfen die Menschen nun lernen die dunklen Gestalten willkommen zu heißen, die sich im Aussen erheben. Die sich im Innen erheben.

Nun du bist nun mit dem konfrontiert, was dir dein Leben erschwert. Du weißt bereits, das du eine lichtvolle alte Seele bist und du weißt schon einiges mehr über das Leben als andere. Und doch befindest du dich mitten im Krieg.
IM KRIEG, der sozusagen in dir stattfindet. Der Kampf in dir zwischen Licht und Dunkel gestaltet sich schwer und

anstrengend und eigentlich möchtest du gar nichts mehr davon wissen und einfach nur leben. Ja so gut es geht und so bequem wie möglich. Und so geht dir alles auf den Nerv, das dich daran erinnert. Dich an diesen Krieg in dir erinnert. Eigentlich möchtest du dein Leben so dahinplätschern lassen und dich der Illusion hingeben, das du eh ganz okay bist und das du eh soviel auf die Reihe kriegst. Doch es gibt da in dir diese leise Stimme, die dich erinnert. Obwohl sie zumeist so leise ist, das es nur als leisestes Flüstern spürbar ist, weißt du das du diesem Flüstern nicht entkommst und du weißt auch, das dich keine Flucht davor bewahrt mit diesen Energien in Kontakt zu kommen.

JA UND WAS JETZT
Jetzt geht es darum ALLES DA SEIN ZU LASSEN – das Dunkle und das Licht.
Beides ist da und beides ist *einfach*.
Alle dunklen Seiten in dir, in der Welt sie sind da.
Alle lichten Seiten in dir, in der Welt sie sind da.
Und obwohl sie scheinbar voneinander getrennt sind -
das eine schlecht, das andere gut -
so haben sie eins gemeinsam:
SIE SIND DA

Wie damit leben ohne weiteren Kampf, ohne weiteren Krieg mit sich selbst? Ohne sich selbst und andere zu verdammen, zu bewerten, zu beschuldigen.
Sich und andere weiter im Krieg, im Schmerz und im Leid erleben oder in einer Scheinwelt, die alles Schlechte nach Außen projiziert.

KIND DES EINEN VATERS UND DER EINEN MUTTER DU BIST SOSEHR GELIEBT.
JA UND MIT DIESEN WORTEN KOMMT DAS LICHT – DAS LICHT.

Das Licht, das die Türen zum eigenen WESEN weit aufmacht, um wieder mit diesem Wesen EINS zu sein. Deine wahre Herkunft kann nun nicht mehr verleugnet werden. Alles was du bist, will sich im Lichte deines Angesichtes erheben und aufsteigen in höhere Frequenzen. In höhere Wahrnehmungen deiner Selbst und in höhere Wahrnehmungen, was ALLES LEBEN betrifft.

UND SO ERHÄLTST DU VON DIR SELBST DAS JA.
DAS JA ZU ALLEM WAS IST.
Das JA für LICHT, das JA für DUNKEL.

Und so kannst du wieder in dein Herz einkehren und den WAHREN REICHTUM deines Lebens bergen: DEINE UNSAGBARE KRAFT ZU LIEBEN. Dich zu lieben und zu ehren. Dich und das Leben zu lieben und zu ehren.
Hier möchte deutlich und klar, in einer unbeschreiblichen Milde und Süße einfach das WUNDER DER SELBSTLIEBE da sein und sich einfach RAUM NEHMEN. Es möchte sich alles zu dir wenden, hin zu DEINEM RAUM, DEINEM HEILIGEN RAUM, indem du dich in deiner eigenen Liebe annimmst und vollkommen heil sein lässt.

Niemand
Niemand
Niemand kann das für dich tun.
Niemand kann dir diese Liebe geben.
Niemand auch nicht dein Kind.

Dein Kind weiß um dich und es weiß, das du DICH SELBST LIEBEN kannst mit allem Licht und Dunkel. Dein Kind weiß es. Es ist bei dir, damit du diesen Weg beschreitest. Damit du wieder JA sagen kannst.
JA SAGEN, WEIL DU DEINE VERANTWORTUNG, DEIN RECHT, JA GRUNDRECHT - **DEINE** LIEBE WIEDER EINFORDERST VON DIR SELBST UND ANNIMMST VON DIR SELBST.

DEIN TON DU KIND DES EINEN HERZENS
Geliebte junge Frau wenn du wüsstest wiesehr du geliebt bist!
Geliebt, geehrt ja verehrt... geachtet und wertgeschätzt....
JA du wünscht dir von Herzen das du sosehr geliebt wirst....!

In allen Menschen, in ihren innersten Gewässern wohnt dieser Wunsch geliebt zu werden. Dieser Wunsch kommt mit ihnen zur Erde und sie nehmen diesen Wunsch wieder mit ins Unsichtbare, wenn sie sterben. *Und so ist dieser Wunsch geliebt zu werden wohl ein Wunsch der alles überdauert, alles.* Und nichts kann

diesen Wunsch zerstören, obwohl es geschieht, das dieser Wunsch nicht mehr gefühlt wird.
Ewigkeiten existiert dieser Wunsch und nun nun da das Licht sosehr strahlt und immer mehr strahlt, wird dieser Wunsch wieder berührt. Er wird berührt, ob Mensch will oder nicht. Diese Berührung ist wahrlich nicht immer angenehm, weil sie auf das trifft, was wir auch vor uns selbst verschließen. Es berührt Unsicherheit, Zweifel, Angst,... und vieles mehr und es ist nicht einfach in diesen Verunsicherungen zu leben. Das Lebenschiff kann auf diese Weise ganz schön ins Schaukeln kommen. Alles bewegt sich HIN UND HER und ja das Schiff es kann auch kentern...

Was ist es, was wirklich zählt und was ist es, was wahrhaft wichtig ist. Eine Frage, die unzählige vorher aufgeschrieben haben und die weiterhin aufgeschrieben wird. Sie kann nicht für alle gleich gültig beantwortet werden, denn jeder Mensch hat sich diese Fragen selbst zu stellen. Wenn sie einmal gestellt wurden, heißt das nicht das sie dann niemehr gestellt werden.
Du liebe Frau bist eine Frau, die diese Fragen gestellt hat und die diese Fragen wieder stellen wird. Du wirst diese Fragen nun mit deinem Herzen stellen. Nicht mehr mit deinem Verstand. *Und da du lernen wirst auf dein Herz zu hören, wirst du vieles frei legen und vieles einsehen können.* Das wird deinen Verstand entlasten. Dein Denken und Fühlen erneuern. Es gelingt dir loszulassen, da wo es jetzt wichtig ist und auf diese Weise wird sich in deinem Leben eine neue Ordnung ergeben. Das geht nicht von heute auf Morgen und es wird herausfordernd. Doch und das ist gewiss:

DEIN TON DU KIND DES EINEN HERZENS WIRD DICH FÜHREN.

Du Frau, wundervolle Seele in wundervollem Kleid auf der Erde bist gekommen um den Ton der EINEN WELT erscheinen zu lassen. Du hast den Ton mitgebracht, der die Herzen der Menschen berühren kann auf ungeahnte Weise. Du hast hier das Licht deiner Seele angesammelt über viele Spannen. Nun da du gewillt bist in diesem Leben Licht und Dunkel als EINE KRAFT zu erfahren, kannst du diese deine HEILKRAFT leben.

Du hast diese Kraft schon berührt. Ja es braucht sehr viel Mut, sehr viel Hingabe und sehr viel Ehrlichkeit diese Kraft zu leben. Es verlangt deine ganze Liebe und deinen ganzen Respekt für
DEINE SEELE.
DEINE AUF GABE
FÜHLE AUF GABE.
DEIN AUF GEBEN
FÜHLE AUF GEBEN.
Fühle tief hinein in das was Auf gabe, auf geben berührt.

DEINE SEELE sie ist. Sie öffnet sich ganz für dich und du kannst diesen herrlichen Raum einfach bewohnen. Geh und kehre ein in deine Seele, dein Haus und lebe in diesem deinem Hause, auf das du gesundest. Ganz gesundest. Erhole dich und lasse dich vom Schein deiner Seele einhüllen, ja wärmen. Nimm wahr wie geborgen du in diesem DEINEM EIGENEN HAUSE sein kannst und lebe aus dieser Geborgenheit heraus.

DU HAST SEHR HOHE TELEPHATISCHE UND EMPHATISCHE GABEN, DIE DICH DAS LICHT DEINER SEELE, DER EINEN SEELE HÖREN LASSEN.
HÖRE UND SINGE.
HÖRE UND TÖNE.
SEI LICHT UND WERDE TON.

Auch wenn du dich abgewendet hattest von dir, wendest du dich dir zu. Wege, auch wenn sie oft nicht so scheinen, tragen dennoch immer die Botschaft der EINEN KRAFT.

DIE EINE KRAFT WIRD WACH.
KIND KIND KIND
rufen die anderen Kinder
komm zu uns
sei bei uns
sing für uns
wir haben dich so lieb

KANNST DU SIE SEHEN DIE KINDER
"WERDET WIE DIE KINDER" SAGTE EIN BRUDER

DIE ZEIT DER VERDAMMNIS IST VORBEI
SEGEN AUF ALL DEINEN WEGEN SCHWESTER
WUNDERVOLLE SCHWESTER IM HIMMEL UND AUF DER ERDE

DEIN GRÖSSTER WUNSCH IST LIEBEN

SO ESTE LAMAT DE TRU EDEVA

DER PRINZ

Der Prinz streut ihr Sand in die Augen
...
vor langer Zeit sie meinte ihn zu brauchen
seither trägt sie ihn mit sich herum
nun die Zeit gekommen
wieder allein zu gehen...
....
der Prinz er läuft nach Haus
das er schon so lang vermisst ...
Prinzessin sich hat befreit von alter Last
Frau geboren....

TIA RA

EHRENWERTE VERBINDUNG

Nun richten wir die Worte an dich. Du Weiser aus edlem Hause, der die Erde betreten hat, um Heil und Heilung geschehen zu lassen. Wir, ich Gott ich die Göttin, wir halten dich tief in unserem Herzen geborgen, auf das du wachsen, reifen und werden kannst. Unermesslich ist unsere Liebe und unser Dank an dich. Du gehst auf der Erde in deinem Lichte und dennoch sind die Schatten deine Begleiter. Oft dunkel schwer und gar beständig. Sie umgeben dich, durchdringen dich, halten dich umfangen, ja sie bewegen sich hier hin, da hin und dennoch leuchtet dein Licht weithin...weithin.

Viele Seelen um dich herum, sie "hören" dein Licht. Wenn du dass vielleicht auch im Moment eigen findest, so möchten wir dir dennoch jetzt mitteilen, dass *dein Licht „tönt".* Dieser Ton ist für die Menschen sehr anziehend, ja er gelangt zu ihnen auf eine Weise, die weder sichtbar noch mit dem äußeren Ohr hörbar ist. Sie fühlen sich zu dir hingezogen, obwohl sie nicht wissen warum, und das birgt in sich viele vermeintliche Gefahren. Wir benennen die Energien einmal vorsichtig Gefahren, denn wie sonst könnten wir dich sonst mitnehmen in das, was wir dir mitteilen möchten. *Aufgrund deines Tones erschaffst du Frequenzen um dich, die Gemeinschaft erschaffen wollen, heilige verbindende Gemeinschaft.* Das ist das Vermächtnis das du mitbringst, dass deine Herkunftsfamilie, deine Sternenfamilie auszeichnet.
Aufgrund deines Tones, deiner Herkunft und deiner unzähligen Erfahrungen bist du nun aufgefordert, hier und jetzt Energien zu durchdringen, die nur ein Meister durchdringen kann.

Du bist ein gesegneter Meister, der in sich soviel Meisterschaft erschaffen hat, dass er ganz darauf vergisst diese Meisterschaft auszudrücken. Immer noch meinst du eindringen und vordringen zu müssen in Ebenen, die dir vermeintlich durch Substanzen zugänglich sind. Auf diese Weise bist du zwar Meister, doch ein

Meister, der in gewisser Weise auch permanent daran fest hält Schüler zu sein. Ein Meister, der immer noch glaubt, nicht genug gesehen, wahrgenommen zu haben.

Du bist schon lange über dich hinausgewachsen Meister. Du bist nicht mehr der Schüler, der erfahren muß, um noch mehr und mehr zu erfahren. Du bist Erfahrung, du bist Schüler. Schüler, der gewisse Themen längst zu Ende gelernt hat.

Verstehst du, das ist als ob du schreiben lernst, wobei sich bereits die Bücher, die du erschaffen hast in dir jonglieren. Verstehst du es ist als würdest du wie ein Kind die Buchstaben und Wörter jonglieren, mit Leichtigkeit...doch du bist ein Meister der spricht.
Ein Meister der spielt, setzt seine Kunst, seine Weisheit ein. Er erschafft aus dieser Weisheit heraus. Er wird zum SCHÖPFER neuer Ebenen, Dimensionen. So du kannst schreiben. Anhand dieses Beispiels verdeutlichen wir, das du alles in dir hast, um ein Buch etc. entstehen zu lassen. Oder dein Wissen in anderer angemessener Form weiterzugeben. Du hast längst ausgelernt, du bist graduiert, längst fertig mit deinen Studien der Substanzen, den Menschen, der verschiedenen Ebenen. Nun Meister wie ist es für dich Meister zu sein! Unser weiser weiser Sohn, alles wartet auf deine Weisheit, die aus deinem Frei sein kommt.

Du Meister darfst nun frei sein von allem, was dir vermeintlich etwas zeigen oder lehren kann. Denn du bist in dir vollkommen JA VOLLKOMMEN.

Ohne irgendwas von außen bist du in dir vollkommen ausgestattet mit allem was du brauchst und du hast alle Zugänge offen zu deiner Weisheit, deinem Wissen, wenn du das willst.

Nun ist es DEINE ENTSCHEIDUNG, welche Position du wählst. Welchen Platz du einnimmst, was du möchtest.

Wandere in stiller Runde vollkommen klar und rein durch dein inneres Haus und betrachte die vielen Türen, die es da gibt. Dahinter liegen Räume, deine Räume der Weisheit des Wissens.

Deine Räume des Zugangs zu allem was ist. Zu allem was existiert. Die Existenz selbst ist in dir geborgen und das Betreten deiner Meister *Existenz,* deiner Meister*essenz* wird dich erheben, auf das du so glücklich bist wie nie zuvor.

Ein Weiser, der die Weisheit immer mit Hilfe eines "Gefährtes" sucht, ja fördern will, nimmt sich selbst die Kraft seiner Weisheit. Er findet seine eigene Weisheit nicht unverfälscht in sich selbst.

Du bist nicht mehr der Suchende, der alles mögliche finden will. Du bist der Schüler, der Meister des Lebens geworden ist. Der, der gefunden hat und nun in seinem Lichte, seinem Ton, seiner Weisheit zu Hause ist. Breite dich aus in dir, dehne dich aus in dir. Lerne dich **Meister des Lebens** *kennen.*

Danke dem Schüler, der so vieles mit sich genommen hat und erkenne endlich an, das du GEREIFT bist.
DAS DU NUN AM TOR ZU DEINER UREIGENSTEN WAHRHEIT STEHST.
Dieses Tor ist wundervoll. Es glänzt sanft in seinem goldenen Lichte und es ist bereit sich weit zu öffnen, um dich einzulassen in deinen Himmel, in dein Zuhause.
„Meister Meister wir warten auf dich", rufen die Engel des Himmels und der Erde. Meister wir freuen uns so sehr auf dich. „Meister Meister dürfen wir ein Stück des Weges mit dir gehen !?"
Meister
lichtvoller Meister
reiner Ton des EINEN Herzens
Meister des Lebens erkenne dich selbst.
Erkenne dich selbst.

Erkenne das alles in dir ist. Das du angekommen bist. Meister lass den Schüler in deiner Liebe baden. Nimm in ganz zu dir. Heile seinen Schmerz der Trennung, indem du ihm sagst: Es ist alles getan mein Lieber. Du darfst nun lehren, Lehrer sein und somit weiter lernen.

Lass es geschehen das zu dir gehen, das Erkennen deiner Selbst. Fließe in deinem INNEREN goldenen Licht, das zu Hause ist in dir. Schreite durch das Tor in die neue Welt, dein neues

Leben. Dein Lohn wartet auf dich. Dein Leben ist gefüllt mit Wahrheit, Reinheit, ja Essenz.

ESSENZ
ESSENZ
ESSENZ

Die Essenz wurde gewonnen aus vielen vielen "Zutaten". Zutaten, die du gewählt hast.

Lieber Meister nimm deinen Platz unter Meistern ein und genieße es nun auf diese Weise Erfahrungen zu machen.
Erfahre die Weisheit der Verbindung auf eine klare Weise.

Schüler sein ist eine Methaper. Der der das Leben als Schüler erleben kann und in diese tiefe reine Freude eintauchen kann, ist bereits Lehrer....du wirst das fühlen können, wenn in dir die beiden Seiten Lehrer und Schüler rein wahrgenommen werden können.

NICHTS GEHT MEHR
DAS SPIEL BEENDEN
AUBRUCH INS NEUE LEBEN

Geliebter Sohn des EINEN VATERS, DER EINEN MUTTER. Sohn und Träger des großen Geistes, nun ist das Ende gekommen. Das Ende unzähliger Wiederholungen, die du über viele Leben hinweg gelebt hast und die dich schon seit geraumer Weile zermürben.

Stell dir vor - du kennst getrocknetes Fleisch aus früheren Leben - das du dieses Fleisch, sozusagen Proviant, schon lange mit dir herumträgst. Du weißt das du Proviant - sagen wir noch genauer Energiezugänge, die dich nähren und stärken - mit dir trägst. Dennoch greifst du nicht auf DEINE ENERGIE des Genährt werdens und seins zurück. Nein du gehst immer noch den Weg, Nahrung bzw. genährt werden aus deinem Außen zu beziehen. Deine eigenen Energien, die du zur Verfügung hast, werden von dir selbst nicht als das erkannt, was sie sind. Sie werden von dir auch nicht gewürdigt und geschätzt bzw. eingeschätzt als das was sie sind. Du verleugnest deine eigenen Energien, deine eigenen Potentiale. Du lässt sie sozusagen wie das Fleisch verderben.... wieder eine Sprache, die einfach auf den Grund ausgerichtet ist.

Diese Tragödie lebst du nun schon zu lange aus und nun kannst nur du selbst dem Ganzen ein Ende setzen.
Du bist nicht der Abhängige, der von Außen dieses und jenes braucht.
Nein du bist der, der in sich die Frucht des Leibes trägt.

DIE FRUCHT DES LEIBES CHRISTI – DAS HEISST DU TRÄGST IN DIR DAS LICHT, DIE SAAT UND DEN WILLEN.
DEN WILLEN DES REINEN KLAREN GEISTES.

Viele Leben hast du damit zugebracht diesen reinen klaren Geist frei zu legen.
Ihn sichtbar auf Erden werden zu lassen. Irgendwann einmal hast du aufgegeben. Dich selbst.....einen Teil von dir liegen gelassen.
Sohn des einen Vaters, der einen Mutter steh auf. Steh auf. Steh! Mach dich aufrecht und höre endlich auf damit zu suchen. Zu suchen im Außen. Zu suchen in verschiedenen Formen, die das Formlose nie beinhaltet haben. Solange du das Außen nicht außen sein lässt und dich nicht ständig an dieses Außen vergisst, wirst du nicht finden können.

VERGEBEN
VERGEBEN
VERGEBEN

Du vergibst dich und deshalb kannst du dir nicht vergeben.

Dich nicht aus diesen alten Lasten der Tragödien entlassen, die du nun schon so lange immer wieder erschaffst. Durch dein dich vergeben, direkt ausgedrückt, durch dein dich verschleudern, das Nichtannehmen deiner Potentiale - deines angelegten Proviants - hast du Verhaltensweisen entwickelt, die dich ganz schön gefangen nehmen.

Und immer wieder bestärkst du dieses Gefangensein durch eine Art von Labilität, durch die du dir vorgaukelst, das es nicht an dir liegt, sondern wenn schon an anderen. Deine Größe und dein Wissen wird von dir selbst missbraucht, indem du deine Labilität – eine übernommene und eigene, kollektives Tauziehen - immer wieder fütterst.

Anstelle das du sie anschaust, ja da sein lässt und ihr direkt ins Auge blickst.
Es fällt dir nicht leicht, deine unguten, unangenehmen Eigenschaften da sein zu lassen. Sie als Teile deines menschlichen Selbstes zu integrieren. Das eigene Unangenehme, das DUNKLE in sich selbst, trägt soviel Licht....

DU WEISST DAS ALLES UND DOCH IST DIESES WISSEN NICHT GENUG.

NICHTS GEHT MEHR.

DU ALLEIN KANNST DAS SPIEL - DAS DU MIT DIR SPIELST - BEENDEN.

Das Spiel beenden heißt in dir zu beenden was dir schadet, was dich zermürbt, was dich zerfranst,..... Was dich daran hindert, dein Potential klar rein und nüchtern zu leben. Mit Nüchtern ist gemeint, sich von allen Vernebelungen zu befreien, die du in dir erschaffen hast, um das was dich schmerzt, was dir schwer fällt, was dich anstrengt zu verdrängen. Versteh durch das dich selbst vergeben, sind Verhaltensweisen entstanden, die die Wahrnehmung trüben, sozusagen vermischen.

Das Spiel mit dir selbst beenden ist nun angesagt. Das Spiel mit dir selbst, das dich zum Opfer und zum Täter macht an dir, in dir.
Schließe Frieden mit früheren Leben, in denen du dich selbst verkannt hast bzw. in denen du verkannt worden bist. Und löse dich davon, das dein Wissen missbraucht wurde von dir selbst und von anderen.

Wenn du Sohn des Vaters und der Mutter das in deiner inneren Welt getan hast, wirst du in der äußeren Welt sehen können, was HIER UND JETZT für dich gut, ja von nährender Kraft ist.

Du brauchst nicht mehr in Frauen und Männern das sehen, was du selbst vermeintlich nicht hast oder bist. Du brauchst in Frauen und Männern auch nicht mehr das sehen, was du hast.
DU WIRST UM DICH WISSEN
UND DAS AUSSEN WIRD DIR DIESES WISSEN SPIEGELN
DU SIEHST UND FÜHLST REIN
DEIN AUFBRUCH INS NEUE LEBEN IST DIR SELBST ANVERTRAUT.
Dein Leben ist dir selbst anvertraut.

Lasse den Schmerz des verletzten Kindes, des verletzten Mannes gehen und berge die Essenz deines Erlebens. Durch alles hast du eine Reife erlangt, die dir nun - WENN DU DAS WILLST - zum Segen wird.

Die Härte in dir - dir gegenüber und anderen gegenüber - möchte endlich angenommen werden. Sie möchte gehen.

UND WISSE WENN DU KLAR UND REIN AUFBRICHST WERDEN VIELE MIT DIR GEHEN.

*Die Wüste ist Wüste.
Scheinbar leer.
Sie birgt nichts, an dem man sich halten kann.
Sie ist in ihrem Wesen einfach Wüste.
Der Mensch meint Leere sei leer... och Leere und leer sein lassen können, macht frei für völlig neue Erfahrungen von Bewusstsein.*

ENT GLEITEN
SOHN SEIN UND VATER
DEINEM HERZEN ANGEHÖREN

Das Leben setzt sich fort aus unzähligen Wiederholungen und nun, da die EINE ZEIT GEKOMMEN ist, spürst du wie sehr dir das zusetzt. Du fühlst dich getrieben in den ständig sich wiederholenden Abläufen und was dir einst Struktur, Haltung und Bestätigung durch Handlung brachte, schenkt dir heute kein Licht mehr. Du fühlst dich geschunden und ausgebeutet und spürst, das dir das spiegelt wie du dich selbst innerlich immer noch ausbeutest. Es ist nicht leicht zwischen dem was man als normales Alltagsleben bezeichnet und dem was tief innen geschieht einen Zusammenhang herzustellen.
Und doch wird es nun hier getan, weil es unumstößlich Zeit dafür ist. Es stellt sich die Frage an dich Mann wieso du dir immer noch soviel zumutest. Und wieso du immer noch glaubst,

das du so leben musst, um zu dem zu kommen, was du brauchst und was du willst. Was quält dich so, was hast du noch nicht geheilt und wo drückst du dich vor der Verantwortung genau da hinzuschauen, wo dein Schmerz, deine *Selbst(zer)störung* liegt. Dein Leben ist voller Hinweise, voller Führungen, voller Erkenntnis und doch gelingt es dir nicht aus dem Rad der Wiederholungen auszusteigen. *Wo fühlst du dich wertlos und warum fühlst du dich wertlos....*

Ja hier erheben sich Wehklagen und viele viele Frauen in schwarzen Kleidern schreien und weinen laut. Es scheint sich um ein Land zu handeln, indem es Sitte ist, das Frauen auf diese Weise ihr Leid ausdrücken. Mann, kannst du dir vorstellen, warum sie dies tun?
In einem früheren Leben warst du eine dieser Frauen und du hast um deinen Mann und deine Söhne getrauert, die der Krieg mit seinen Schatten geholt hat. Du hast geweint, gefleht, verdammt... Du hast dem Tod die Schuld gegeben für dein Leid, deine Erfahrungen. Diese Frau/en haben sich nicht herausbewegt aus den alten überholten Glaubenssätzen. *Sie haben nicht in der Tiefe geheilt, was der Heilung bedarf. Uns so konnten sie nicht eintreten in den Zyklus der neuen weiblichen*

Kraft, der schon lange in ihnen nach ihnen ruft.

Immer noch trägst du diese Frau in dir herum. Diese Frau, die Mann und Kinder verloren hat. Diese Mutter, die ein unglaublich starkes altes Mutterbild vertreten hat und auch jetzt noch vertritt. Diese alte Mutter in dir macht dir das Leben zu Hölle. Sie jammert dir in einem fort in deinen Kopf hinein. Sie jammert dir in einem fort in dein Herz hinein. Dauernd verströmt sie diese alte Leidensgeschichte, das es ihr so schlecht geht und das das Leben so ungerecht ist. Sie, die Frau im schwarzen Kleid sie kann nicht leben....sie will aber auch nicht sterben. Auch wenn du jetzt denken magst, die die da schreibt spinnt doch, so sage ich die schreibt: Nein.

Ja wir alle tragen auf die eine oder andere Weise uralte Geschichten mit uns herum, die keinen Namen haben. Keine Gestalt. Kein Gesicht. Und nun da hier auch über Bilder "gelesen" wird, gilt es diese Bildern zuzulassen.
Denn sie führen und zeigen von dem ein Bild, was die Frequenzen stört, schwächt, ja immer wieder niedrig hält.

Diese Bilder atmen und können uns zu Anteilen in uns führen, die wir abgespalten haben. Zu Anteilen von uns, mit denen wir nichts zu tun haben wollen.

Was Mann schmerzt dich so, das du nicht wirklich leben kannst und das du auch nicht wirklich sterben kannst. Wieso bewegst du dich immer weiter in Grenzbereichen, die dich ausleeren und die dir deine Lebenskraft zerfließen lassen. Mann! Kind eines Vaters und einer Mutter, Vater, Bruder, Gefährte, Freund, Partner,...... Seele auf der Reise durch LEBEN, was quält dich so, was tut dir so weh?

Von allen Seiten strömen sie herbei die Seelen. Die Sichtbaren und die Unsichtbaren. Engel, Meister und Wesenheiten...Sie alle sind da und sie alle wünschen dein Heil, deinen Segen, dein Glück. Ja und deine irdischen Eltern, die hier an dieser Stelle beide nebeneinander stehen, wünschen dir, das du die Liebe für dich selbst wieder findest und leben kannst.
ZU DEINEM SCHUTZE, DEINEM WOHL UND DEINER FÜLLE.
Auch wenn sie dir nicht geben konnten, was dir gebührt hätte,

so sind sie sich dennoch in ihrem Reifeprozess als Mensch und Seele bewusst, das sie ihre Rolle erfüllt haben und das sie die Erfahrungen ihrer Rolle annehmen und transformieren.

Hier blickst du in die Augen alter Seelen, die deine Seele heben an allen Tagen....

ENT GLEITEN - wundervolles Kind der neuen Zeit – BRUDER IM EINEN HERZEN lass es nicht mehr zu, das du entgleitest. Lass es nicht mehr zu, das du dir selbst weh tust und das du dich, deinen Körper, deine Seele verletzt. Gib dir selbst die Hand und zieh dich aus dem alten Jammertal heraus. Lausche deinen Schmerzen, deinem Allein sein und nimm die Botschaften an. Gib der Leere endlich eine Chance, das sie sich entfalten kann und das du sie endlich wieder als Wunder begreifen kannst. Schneide dich selbst nicht mehr ab vom Fluss der dich reinigt und erneuert. Reinige dich, gib dich der Reinigung hin.
ENT GLEITEN wird zum Gleiten werden und du wirst auf eine Weise leben, die du dir immer erträumt hast.

Harmonie, wärmende Freundlichkeit...
der Schoß der eigenen Geborgenheit nimmt dich auf
und lässt dich wachsen und werden
auf das du bist
wer du bist.

SOHN SEIN UND VATER

Vor vielen Leben hast du deinen Vater verlassen, um in einen andere Welt zu reisen. Du bist nicht mehr zurückgekehrt, hast deinen Vater in diesem Leben nicht mehr gesehen. Du konntest dich nicht von ihm verabschieden als er gestorben ist. Heute noch trägst du diese Wunde mit dir herum. Die Wunde als Sohn den Vater verlassen zu haben.

Dein leiblicher Vater hat dich in diesem Leben sozusagen auch verlassen. Schon vor der Trennung deiner Eltern war er wenig da. Obwohl du einen Stiefvater hattest, hast du auch durch ihn nicht wirklich erfahren, was es bedeuet einen Vater zu haben.

Das hat zu vielen Lücken beigetragen, die du als Kind aufgesammelt hast. Und du hast auch deine leibliche Mutter nicht als die Mutter erfahren, wie du sie gebraucht hättest. So haben sich immer mehr Lücken ergeben. *Lücken, in die dein Schmerz sank und in die der Schmerz der dich umgebenden Erwachsenen eingesunken ist, weil du als Kind so offen warst.*

Du hast dich nicht schützen könnnen und die Erwachsenen konnten dich nicht schützen, weil sie selbst so gefangen waren in ihren Schmerzen und Verletzungen. Dadurch hast du Verhaltensweisen entwickelt, die dir vorgegaukelt haben, wie du dich wohlfühlst und das mit dir eh alles in Ordnung sei. Du hast dir viel Schein aufgebaut, um dem Schein deines kraftvollen Lichtes nicht mehr so ausgesetzt zu sein.

Dein Licht, deine so große Liebe, die du als Kind für alles Leben empfandst, musste von dir irgendwie geschützt werden. Diese *Schutzmechanismen* verbanden sich mit *Fluchtmechanismen. Und so hast du alten Schmerz anderer in dir eingeschlossen. Und deinen eigenen Schmerz dazu. Was noch mehr weh getan hat.*

SOHN SEIN eine Wortwahl, deren Führung nun offenbar wird. Sohn sein enthält soviel Liebe und Licht. Sohn sein enthält soviel Schmerz und Leid. Ein Sohn wird man durch Eltern und die Seelenentscheidung aller, dies auf der Erde zu leben.

Nun hier in diesem Raum,
EINEN RAUM AUS LIEBE UND LICHT DER HEIL IST,
kann die Verbindung zwischen allen und allem ganz gesehen werden.

Alle Aspekte des Sohn werdens und Seins, alle Aspekte von Licht und Dunkel, können hier in diesem Raum sein. Alle unsichtbaren Aspekte des menschlichen Lebens und alle sichtbaren Aspekte des menschlichen Lebens. Alles von der Zeugung bis jetzt ist hier. Alles was in früheren Leben geschah, ist hier. Alles, denn die SEELE trägt alle Erfahrungen. Hier möchte die Seele, deine Seele sprechen. Sie spricht an allen Tagen zu dir und sie spricht in einer Sprache, die es nun wieder ganz zu verstehen gilt.

Die Seele spricht zu dir von den Wundern des Lebens
und sie spricht so mit dir, wie du es dir wünscht.
Sie spricht sanft und doch ganz klar.
Sie spricht weise und doch ganz einfach.
Sie spricht über alles, was das Mysterium Leben für dich bereit hält.

Hier und jetzt, da die EINE ZEIT gekommen ist, öffnest du dich wieder ganz dafür deiner Seele zuzuhören.
Sie erzählt dir von deinen Wunden und das du sie fliessen lassen kannst, sodass du ihr Heil einsammelst.
Sie spricht zu dir über deine Ängste, sodass du sie fliessen lassen kannst, auf das du ihr Heil einsammelst.

Sie spricht zu dir über dein Sohn sein und während sie spricht öffnet sich alles in dir, um das ALTE – das der anderen und das deine - fliessen zu lassen. Herausfliessen zu lassen.

DU WUNDERVOLLER SOHN DES EINEN VATERS, DER EINEN MUTTER
du darfst nun alles loslassen.

AUF DIESES LOSLASSEN HAST DU DICH SCHON VIELE LEBEN VORBEREITET UND DIESES DEIN LOSLASSEN BEWIRKT IM GROSSEN GANZEN LOSLASSEN.

Die Seele sie spricht. Sie möchte das du still wirst, das du ruhig wirst. Sie möchte, das du dich entspannst. Sie möchte das du atmest, ein und aus. Sie möchte, das du bei dir bist und das du einfach mal einfach nur dich brauchst. Du weisst, das dies herausfordernd ist und du weisst das diese Zeit kommt. Und du weisst, das du bereit sein wirst, wenn dieser Ruf ganz bei dir ankommt.

In der Annahme erscheint das Licht.

DEIN SOHN SEIN ANNEHMEN
wird alle Frequenzen, die dieses Thema noch beinhaltet , anheben und transformieren. Es wird in jedem Schatten das

Licht entzünden und das Feuer der Transformation wird dadurch auch andere SÖHNE IN IHREM INNERSTEN BERÜHREN.

MÖGEN DIE SÖHNE DER IRDISCHEN ELTERN GEHEILT SEIN
MÖGE JEDER SOHN DEN REICHTUM UND DAS GLÜCK SEINER SEELE EMPFANGEN.
MÖGE JEDER SOHN VATER FÜR SICH SELBST SEIN.

SOHN UND VATER SEIN berühren sich schon immer.

Diese Berührungen – Energie, die weit hinausreichte ins Universum und weit hineinreichte in die Erde.
Diese Energie kommt nun herein als strahlendes Licht aus dem Kosmos und sie berührt den Menschen in seinem Innersten, in seinem Herzen. Und sie kommt herauf aus der Erde und nimmt alles mit, was zu wandeln ist. Jeden Schmerz, jeden Tod,....Sie berührt den Menschen in seinem Innersten, in seinem Herzen. Hier im Herzen, in dem sich nun Licht und Dunkel treffen, wird jetzt DAS NEUE geboren.

VATER SEIN öffnet nun ein Tor, das lange verschlossen war.

Vater sein öffnet nun das Tor zu den Wunden der verletzten Männlichkeit im Mann und in der Frau.
Vater sein enthält nun den Stoff des Sichtbar werdens uralter Wiederholungen, die Mann und Frau, ja das Kind in Not und Leid gestürzt haben.
Vater sein öffnet nun den Blick auf die Wunden der Erde, der Menschheit, die nun nicht mehr verleugnet werden können.
Und nun da das Licht alles erscheinen lässt, was im Dunklen ward, wird alles was im Dunklen war im Licht vom Licht durchstrahlt.

ES WERDE LICHT
SOHN UND VATER SEIN BERÜHREN SICH SCHON IMMER. Jede dieser Berührungen hat hier her geführt. Auch wenn Sohn und Vater vermeintlich unglaublich weit voneinander entfernt waren oder grausam nah auf den Schlachtfeldern...sie waren immer Sohn und Vater...

MÖGE SICH DER SOHN UND DER VATER ENTFALTEN

Alles wird sich für dich zu deinem Besten entwickeln. Du bist ein würdevoller Mensch und dieses WÜRDEVOLL SEIN wird sich nun ausdrücken. Die Würde, die du in deiner Seele trägst, wird sich nun um dein Leben kümmern. Die Würde wird dein Leben ausfüllen und jeden Winkel aufsuchen, auf das du dich und alles was du bist annimmst und bejahst. Diese Würde besteht aus der Erkenntnis, den gelebten Erfahrungen seine eigene Würde vor sich selbst verloren zu haben. Nie und nimmer geht es darum, sich vor anderen zu verlieren. Im tiefsten Erfahren geht es immer darum das Gesicht vor sich selbst zu verlieren. Dieses das Gesicht birgt in sich ALLES was das GESICHT ERSCHAFFT. Das Gesicht, das aus der gnadenlosen Ehrlichkeit sich selbst gegenüber erwächst und das jeden blinden Fleck aufscheinen lässt auf das er sehend wird.

Du wirst die INTENSITÄT DEINER ERFAHRUNGEN so integrieren, das aus ihr REINE KLARE SANFTE WIRKKRAFT wird – SCHÖNE FLIESSENDE SCHÖPFERENERGIE, die in anderen deren schöpferisches Leben und Erleben berührt.

Auf dich warten wunderschöne neue Lebenschritte, die dich aufnehmen und nähren. *NÄHREN wird in dir nun wieder zu einem Antrieb, einer gestaltenden Kraft, die dich jedoch von nun an erfüllt.* Du wirst in dir die Quellen des Nährens ganz neu entdecken und deine weiblichen und deine männlichen Ströme beginnen zu fliessen. Im gleichen Atemzug werden sich deine empfänglichen Seiten wieder sanft öffnen. Sie werden sich langsam wieder hervortrauen und sie werden sich langsam wieder dem Leben zuwenden. Deine empfängliche Seite hat soviel Schmerz und Leid anderer aufgenommen. Du hast auch soviel Schmerz… Nun nun da du soviele Wege der Befreiung gegangen bist und dir selbst wieder deine eigene Liebe und deinen Respekt gibst, wirst du wieder empfänglich sein können. Denn jetzt erlaubst du dir wieder zu LEBEN.

LEBEN
LEBEN
LEBEN

GANZ UND GAR LEBEN MIT ALLER KRAFT,
DIE DEIN HERZ ERSCHAFFT,
JA TRÄGT

DEINEM HERZEN ANGEHÖREN

DEIN HERZ HÖREN
DEIN HERZ ES VERTRAUT DIR
UND DU DU VERTRAUST DEINEM HERZEN

NUN KOMMST DU NACH HAUSE ENDLICH
EIN LANGE REISE GEHT ZU ENDE UND EINE NEUE BEGINNT
LIEBE SEI MIT DIR
SIE IST DEIN SEGEL DEIN SCHIFF
SIE IST DER WIND UND DIE SONNE DAS WASSER
MÖGEST DU FREI SEIN
ALLEIN SEIN
GEWANDELT
HERZ SEIN

NAMENLOS

Er bewegt sich in Allem
bewegt sich im Nichts

Befreit sein Wesen
will es genesen
dazu braucht es Mut
und HERZENSGUT
...
Namenloses Licht sich in ihn ergiesst
auf das er ES forme
zu dem was ES ist
...
einzig Segen sein Geleit ...

SILVARA

DIE TÜR
NIEMANDSLAND
DER AUSWEG

Vor langer "Zeit" - vor vielen Leben in menschlichen Bewegungen - hast du geliebte Tochter des einen Vaters, der einen Mutter dein Land verlassen und nun, nun kehrst du heim in dein Haus, deine Kraft und deine Herrlichkeit.

Diese Worte werden dir bekannt vorkommen! Doch darfst du sie nun von ihrem religiösen Bezug trennen, um sie als Geschenk, das jeder Mensch in sich trägt, zu erkennen.
Du bist lange durch die Welten gereist, um nun vor der Tür anzukommen und es ist nicht vermessen zu sagen:
Vor der Tür ins Himmelreich.
Mit Himmelreich ist gemeint, das du nun bereit bist mit deiner Seele EINS ZU SEIN. Mit der EINEN SEELE eins zu sein. Das Himmelreich in dir wartet darauf, das du eintrittst und die Geschenke und Gaben annimmst, die du nun schon ewig in dir - mit dir trägst.
Viele Leben hast du nun schon damit zugebracht Erleuchtung anzustreben und ja - du hast allerlei erlebt und unternommen, um zu wachsen, zu werden - im geistig seelischen Sinne. Du hast vieles gelebt und erfahren, um frei zu sein im geistig seelischen Sinne. Diese deine Wege haben jedoch auch Spuren hinterlassen, die sich noch als schmerzhaft erweisen. Es scheint als würdest du dich selbst noch unter altem Linnen verstecken auf das du grau und grauer wirkst - auf das dein Licht gedämpft und spärlich flammt. Ein Tuch aus altem Linnen - aus alten überlieferten religiösen, spirituellen, hierarchischen Bestimmungen, ja Wertungen,.... *Das hat eine Energie hinterlassen, die spürbarer Kälte gleicht, die das warm werdende Herz immer wieder einschüchtern will.*

Geliebte überalles Geliebte erlaube dir nun die Tür zu öffnen zu alten vergrabenen Aspekten des Unwertseins, die sich tief in dir

versteckten. Niemand - kein Mensch und auch kein anderes Wesen kann dir diesen Weg, diese SCHAU abnehmen und kein Gefühl - auch wenn du noch so tobst, schreist, spottest, weinst - ja nicht einmal mehr der Tod kann dir diesen Weg ersparen.
Denn und das ist eine Gewissheit: Du hast gewählt zu erwachen - wach zu sein - im Sinne von dich dem Leben und deiner Geschichte - deinen Leben - ganz zu stellen.

DU HAST ENTSCHLOSSEN DEINEM LEBEN INS GESICHT ZU BLICKEN, UM *EIN LEBEN* ZU ERSCHAFFEN.

Ein Leben erschaffen wirst du nun, da du diese Worte liest, ganz auf deine Weise fühlen können und es wird der Schreibenden mitgeteilt, das du hier auch deine Gedanken und Eingebungen nieder fließen lassen kannst - durch das geschriebene Wort ausgedrückt oder durch...was immer du wählst. Du kannst auch in der Natur DEINEN Impulsen folgen... spür hinein und erlaube dir zu gestalten, zu erschaffen...übe dich auch weiter darin auch von Außen anzunehmen, was aus gelebter, reifer Weisheit zu dir gelangt, ohne im Filter deiner Bewertungen hängen zu bleiben....

EIN LEBEN LEBEN IST DIE TÜR, durch die du nun schreiten kannst und während dies geschieht, fließen dir viele Heilenergien zu, die du später zum Wohle aller übersetzen kannst. Hab Geduld im Wahrnehmen dessen, was da aus deinen inneren Welten aufsteigen möchte und sieh der so genannten "Dunkelheit", die noch da ist, mit all deiner möglichen wahren HERZ Wertschätzung entgegen. Ja sei dir gewiss darin liegt soviel Segen und Licht. Auch wenn du weißt, ja fühlst, das es noch einiges zu durchwandern gibt - auch wenn du dich überfordert, ja schwach und hilflos fühlst so wisse: All das führt dich weiter - weiter in dein Himmelreich. In dein Himmelreich, das in dir auf dich wartet. Immer schon.

Auf diesem Weg kannst du im **Niemandsland** ankommen und es wird dir auf die Weise erscheinen, die ganz genau auf dich abgestimmt ist. Damit du voll in deine Kraft, deine Stärke, ja deine Herzensenergie gelangen kannst.

Erinnere dich immer daran, das diese Reise oft fürs Menschsein schmerzlich ist - ja so allein und unverstanden sich der Mensch, die Frau - du dich darin manchmal fühlen magst.....
Unverstanden sein begleitet dich auf deiner langen Reise durch die Welten immer wieder und doch spürst du in dir, das es darum geht, das du dich immer mehr verstehst - verstehen in deiner eigenen Herzkraft. Du dich in deinem Wesen, deinem Werden, ja Sein - du dich in deinem ureigensten Prozess. Dein Prozess schließt jetzt die weitere Heilung all dessen ein, was dir unlieb war und ist in dir.... Schein Heil funktioniert nicht mehr....

Alles was geschieht, geschieht um dir dein individuelles Erwachen weiter zu ermöglichen. Versteh je mehr du dich auf dich und dein Innerstes einlässt - auf die Mauern, die steilen Abgründe, die Klippen, die unbekannten Brücken, von denen du nicht weißt, wohin sie dich führen....je mehr du dich auf das einlässt, was kommt, umso mehr verschwinden Vorstellungen davon, wie und was es sein könnte. Dein Blick und deine Wahrnehmung wird nicht mehr getrübt von Gedanken und Gefühlen, die du schon hast, wenn du losgehst bzw. die du als Beweger und Motivator noch nicht enttarnt hast.

Ja du kannst nun immer mehr losgehen ohne Vorstellung, ohne Erwartungen und das wird dich viel mehr, viel tiefer und viel klarer wahrnehmen lassen.

Alte Verhaltensweisen, die dich immer wieder dazu veranlassen, in den Leben anderer herum zu schauen, herum zu gucken werden sich lösen und somit wirst du ganz viel "Stoff " - frei bekommen für dich.
Das kann jedoch bedeuten, das du mehr in dein NIEMANDSLAND kommst und ja, das kann auch gehörig Angst machen.
Ja Angst und Angstunterdrückung dürfen sich nun als das erweisen, was sie sind. Wichtige Botschaften deiner Seele an dich und wenn du damit neu umgehen kannst, wird sich dein Körper auch leichter und geliebter fühlen.
DER AUSWEG erscheint als strahlendes helles Licht und dieses Licht ist nichts anderes als die Liebe in dir, die von dir angenommen werden möchte. Eigenverantwortung, Selbstliebe, Selbstannahme stehen nun an vorderster Stelle, um den Fokus auf Heilung zu lenken.

Denn und das ist eine Gewissheit:
Du wünscht Heilung. Heilung auf allen Ebenen… es ist als würde alles in dir danach rufen, danach streben - einfach um eine lange Reise, eine lange Suche nun zu beenden.
Mit beenden ist gemeint, das du wieder ganz und gar verbunden bist mit deiner Seele, deinem wahren Wesen auf das du auf der Erde dein eigenes Himmelreich schaust, ja empfängst.

EMPFANGEN
EMPFANGEN
EMPFANGEN

DEN EIGENEN SEGEN

DIE EIGENE LIEBE

DIE EIGENE WERTSCHÄTZUNG

>DIE MUTTER IN DIR, DER VATER IN DIR MÖCHTE LEBEN,
>UM DAS KIND NUN SICHER UND GEBORGEN ZU LEITEN…
>ZU FÜHREN IN DIE NEUE ZEIT

GESEGNETE FRAU
Gib deine Mutter frei - gib alle Mütter frei
Geheilte Frau ist Mutter, Vater, Kind, Mann, Frau….Gott und Göttin
IN EINEM

ABGEWENDET
DAS GEREINIGTE KLEID
DAS KIND IM MANNE

Der Weg führt fort von hier...immer wieder verlieren sich Energien von dir in einem Bilde - du wendest dich ab und hältst dir die Hände vors Gesicht. Deine Haltung ist gebückt, ja gebeugt und es ist als würdest du versinken. Wenn die Schreibende nach fragt, worin du versinkst, schüttelst du selbst den Kopf - nein bitte nicht hinschauen, bitte nicht...und so bleibt es der Schreibenden dir dieses Bild ans Herz zu legen. Aus den geistigen Welten kommen nun sehr viele lichtliebevolle Energien, die dich führen und leiten, um dich diesem "Abgewendet sein" selbst zuzuwenden.

Es wird auch mitgeteilt, das du dich hier nicht VERIRREN brauchst, da du die Kraft hast, deine eigene Innenschau zu leben. Es kann sein, das du auf so manches stößt, von dem du dich immer wieder abwendest, weil du deine eigenen Urteile und Bewertungen oder bestimmte Gefühle nicht "aus halten" willst. Hier an dieser Stelle ist es so wichtig, sich noch einmal daran zu erinnern, das alles - auch wenn es nicht an der Oberfläche wahrnehmbar ist - immer da ist und so quasi ein Eigenleben führt: AUS HALTEN - das Wort allein spricht Bände.
ABGEWENDET - indem du dich dir zuwendest kannst du dich selbst halten.... Falle jetzt nicht deinem Verstand zum Opfer, der dir sagt, das du dich doch wunderbar halten kannst im Leben... oder deinem Ego, das gern aufspringt, um zu demonstrieren, was es doch alles kann.

Du kannst dich halten und gleichzeitig gibt es Bereiche da ist es nicht so.
Hier gilt es zu WISSEN das das Leben selbst es ist, das ermöglicht Schritt für Schritt weiter zu gehen.
Ego gesteuerter und definierter Halt ist nicht dasselbe wie ein Halt, der aus Integration und Annahme, ja dem Loslassen hierarchischer Muster und Prägungen jeder Art entsteht.

DAS GEREINIGTE KLEID dient als Symbol auf dem Weg. Es wird von der geistigen Welt als ein Mittel - eine Brücke - verstanden,

das/die dir ermöglicht, dich selbst zu führen.
In einem früheren Leben scheinst du ein Kleid getragen zu haben, das durch ein Ereignis besudelt wurde. Das Kleid, das du trugst ist hier ein Wort für eine Position, eine Stellung, die du innehattest. Du scheinst dich und deine Ideale selbst verraten zu haben - dich, deine Gaben und Fähigkeiten, auch deine Familie. Indem die Worte fließen, fließen auch diese alten Energien und es kann sein, das du das mit verschieden Verhaltensweisen in deinem Leben in Zusammenhang bringst. Lass alles einfach wirken und erlaube den Worten, den Bildern einfach DURCHZUFLIESSEN.
Du kannst sicher wahrnehmen, das es in der Lesung sehr viel um Reinigung geht. Du weißt ja das das in dir, in allen, in allem stattfindet... .es gibt viele Ebenen der Reinigung auch sehr feine...

Dein Seelenkleid erscheint im Moment in einem wundervollen frischen hellen lichtvollen *Türkis*, das einfach einen Hauch hinterlässt... frisch, rein, klar, ja sauber....transzendent

DAS GEREINGTE KLEID kannst du natürlich auch irdisch - sozusagen in der Materie als Symbol, als WIRK KRAFT NUTZEN. Halte Ausschau nach einem Kleid, das deinen Wünschen und Lieben entspricht - das am meisten diese oben genannten Qualitäten hat und wähle den passenden Stil. Nimm dieses Kleid und gebe es bewusst an einen Ort in deinem Wohnraum, an dem du deine Energie hast, wenn du mit dir "arbeitest" bzw. vielleicht kreierst du dir so einen Ort - so eine Quelle.

DAS GEREINGTE KLEID hat so wundervolle Kräfte.
Es verströmt soviel Licht und es spricht in der Sprache
deines wahren Wesens.

Bewusstseinsfelder öffnen sich und wisse:
DU KANNST DAS KLEID AUF DER ERDE TRAGEN.

Heile dich mit dem Kleid, das du auf der Erde für dich wählst und spüre immer wieder tief hinein, was es bedeutet ein Kleid zu tragen. Ein Kleid zu tragen kannst du mit allem menschlichen Prägungen, Urteilen usw. verbinden. Hier gilt es die Kleider anzuschauen, die dich schützen und warum sie dich schützen. Die Kleider hinter denen du dich versteckst, die die du anderen entgegenhältst, weil sie dich erheben, usw. Lerne hier den kleinsten leisesten Impulsen zu folgen - lerne hier ganz sensitiv mit dir zu sein. Sehr viel Frei sein erwartet dich nach dem Ausziehen so manchen Kleides.

DAS KIND IM MANNE kam als weitere Führung. Es scheint so als würdest du damit bereits viele Erfahrungen gemacht haben. In vielen Leben und auch in diesem. Wie dein innerer Mann sich anfühlt und wie er sich ausdrückt, kannst du gerne anschauen. Hier wird darauf hingewiesen, das dieses Kind im Manne eventuell etwas mit deiner zukünftigen Arbeit zu tun hat (Geduld und bitte keine Kopfgeschichten kommt hier zu).

Es scheint auch so als würdest du hier über einen sehr starken gefühlsmäßigen* Bezug verfügen, der dir VIELE EINSICHTEN GEWÄHRT. Du wirst das selbst sehr klar spüren, wenn du damit arbeiten sollst und hier dient es als IMPULS wobei INITIATIONSENERGIE vorhanden ist.

* gefühlsmäßig - du hast Zugang zu Geprägtem, Übernommenem, Strukturellem..... und zur wahren Natur des Kindes im Manne...

DIE EINE FRAU SEIN
DIE WEISSE FAHNE
VON HÄUSERN UND BUNTEN TRÄUMEN

In vielen vielen Leben wolltest du immer schon DIE EINE FRAU SEIN. Die Frau, die ihretwegen geliebt wird. Die ihretwegen anerkannt, geliebt und gefeiert wird. Vieles hast du unternommen und auf dich genommen, um diese eine Frau zu sein. Hier und heute ist die Zeit gekommen, sich von all den alten Trugbildern und Idealen zu verabschieden, um ganz in deinem Herzen anzukommen.

Die "EINE FRAU SEIN" gilt es in dir, in deiner Verbindung mit dir selbst, zu erfahren.

Das heißt, das du selbst es bist, die sich all die Liebe und Wertschätzung gibt, die sie braucht. Auch das verletzte

Mädchen und seine Gefühle möchten weiter integriert werden.

Du misst dich gerne mit Mann und Frau - das ist aus alten Rollenverteilungen entstanden und auch noch von hierarchischen Strukturen "unterwandert". Dieses Messen bringt dich immer wieder in Situationen, die unterschiedliche Augenhöhen erschaffen. Einmal stehst du höher, einmal ein Mann, dann wieder eine Frau oder du über einer Frau. Das sind Spiele, die jetzt nichts mehr bringen. Das sind alles Bewegungen im Außen, die dir zeigen, das diese Bewegungen in dir selbst stattfinden. Alle deine Anteile wollen wahrgenommen werden und von dir in Balance gebracht werden. Richtig und falsch, gut und schlecht, oben und untern...die Dualität hat sich dir über ewige Zeiten gezeigt, ja offenbart und nun....

NUN SPÜR DEIN HERZ DAS EINS SEIN WÜNSCHT
DAS LIEBE WÜNSCHT
DEIN HERZ DAS MIT MENSCHEN GLEICHGESTELLTE BEZIEHUNGEN LEBEN MÖCHTE
DEIN HERZ DAS IN MILDES LICHT GETAUCHT SEINE WAHRE AUFGABE LEBT UND ERFÜLLT

DU WESEN DES LICHTES BIST GEKOMMEN UM DIE MENSCHLICHEN KLEIDER ZU WANDELN ... AUF DAS DAS SEELENKLEID DIE ERDE BERÜHRT UND ENTZÜCKT - DIE ERDE UND DIE MENSCHEN .... ALLE WESEN

Die eine Frau sein in dir selbst verwirklicht, wird im Außen die Liebe anziehen, die du dir immer schon wünscht.
Fühle diesen Wunsch und lasse dieses Sehnen rein und kraftvoll sein - rein im Sinne von deinem Herzen wirklich ganz nah.... Das verlangt deine eigene Sanftheit, deine eigene Hingabe an dich selbst....

Du Wesen - du Lichtwesen auf der Erde

Heil und heilig die kommenden Tage!

Ein wundervolles Bild erscheint für dich in der einen Seele - du

gehst auf dich, dein Lichtwesen zu - du gehst sozusagen ein in dein Reich... du wirst gesehen VON ALLEN und ja du trägst EINE WEISSE FAHNE in der Hand. Die sich wundervoll im Wind entfaltet. Schon von weitem bist du Mensch zu sehen....
die Waffen losgelassen, die Fahne losgelassen wirst du EINS SEIN mit deiner Seele.....

Dieses Bild dient dir in seinen Lichtfrequenzen dazu, das WESENTLICHE wahrzunehmen, zu spüren.
Die weiße Fahne steht für den Frieden, den du in dir mit dir selbst gemacht hast. Deine Seele sehnt sich sosehr danach, das du in Frieden mit dir selbst kommst, um endlich uralte Waffen, die du gegen dich und auch gegen andere richtest, aus der Hand zu legen. Solange schon glaubst du dich verteidigen zu müssen bzw. kämpfen zu müssen, um gesehen zu werden.... Ein uralter spiritueller Kampf und uralte spirituelle Ängste wollen nun noch weiter erkannt und losgelassen sein.
Die weiße Fahne trägst du ebenfalls schon ewig mit dir herum. Vieles hast du schon mehrfach durchwandert und nun, nun geht es einfach weiter um dich aus all diesen "SCHICHTEN" zu schälen bzw. die weitere Transformation zu gestatten. Das ist nicht nur bei dir so, sondern bei sehr vielen, die schon weit gegangen sind. *Läuterung ist ein fließender Prozess....*

Nun kannst du selbst die weiße Fahne sein.......für dich und andere. Frieden verwirklichen ist schon als Kind in deinem Bewusstsein gewesen. Auf eine träumende Weise....

VON HÄUSERN UND BUNTEN TRÄUMEN

Dein wahres inneres Kind möchte sich über diese Worte *in Erinnerung bringen.* Dieses Kind ist unter dem Kind, das du sein solltest und dann auch selbst sein wolltest, verschwunden. Eine sehr dominante Energie hat dieses Kind dann immer mehr überdeckt. Diese dominante Energie kam dann nicht mehr nur von außen, sondern auch von dir selbst. Diese "übernommene", "abgeschaute" Energie gab dir als Kind das Gefühl jemand zu sein....

Dominanz
Dominanz
Dominanz
Komm hervor du kleines Mädchen

Von Haus zu Haus läuft das Kind...es liebt die Häuser mit ihren Dächern, Fenstern und Türen. Es liebt die Gärten, die Bäume, den Himmel...es liebt den Duft und das Froh sein....soviel Freundlichkeit und Wärme....von Haus zu Haus läuft das kleine Mädchen... und sie ist überall willkommen ....überall. Eines Tages läuft das Kind nicht mehr....es steht still und nie mehr ist es wie es war....

Erinnerung
Erinnerung
Erinnerung

Die bunten Träume verschwanden immer mehr! Der Stoff aus den kindlichen Herzensträumen veränderte sich - aus den lichten leichten Fäden wurden enge Fäden...stelle dir die Veränderung des Stoffes vor....

Nun...nun darf dein wahres inneres Kind wieder zum Vorschein kommen und alles, was es übernommen hat, darf gesehen werden. Dieses SEHEN wird vieles eröffnen und ein vollkommen neues Lebensgefühl wird aufkommen...

Die Häuser des Willkommen seins und die bunten Träume sind wieder da, weil sie endlich wieder
PLATZ HABEN.

WILLKOMMEN SEIN UND BUNTE TRÄUME LEBEN ... SICH DEM LEBEN GEBEN
JA SCHENKEN
DAS WAHRE WESEN KOMMT HERVOR
DER HUNGER NACH MEHR.........

taucht auf am Ende der Lesung
er scheint in dir zu hausen....in allerlei Variationen ....
Wenn du dem Hunger erlaubst in dir zu WOHNEN in seiner ganzen Kraft, wenn du all seine Gesichter in dir gesehen hast, wirst du viele Führungen haben....

DER HUNGER NACH MEHR.........

Könnt ja ein Buch sein, das du schreibst......

FALSCHES GOLD ECHTES GOLD

Das Herz in der Mitte lebt und wacht
sich verströmt und gibt
einzig du kannst es nehmen

Das reine Gold der Liebe
sich leicht und zart schon zeigt
gibt ihm Raum

gib DEINEM HERZ Raum

Das alte Gold der Blenderei, der Verschwenderei,
ja der alten Kunst sich selbst zu erliegen
be enden und neu ein Anfang…

Die reine pure wahre Kraft sich selbst zu sehen
nun eine ordnende Führung erschafft
alte Trugbilder gesehen, diese nun gehen

GOLD GOLD GOLD
In der Mitte das Neue gedeiht…

BEGUN

RITTER DES TODES
VATER DES VATERS
UNGELIEBTES KIND

Soviel Sonnen umkreisen das All - umkreisen die Sonne. Kreisen in der Unendlichkeit des Kosmos. Viele Leben dienten dazu die Sonnen des Universums zu erfühlen und sich in diesem Licht aufzuhalten.
Natürlich scheint es dem Menschen, der hier auf der Erde ist, nun verwegen zu sein, was da gesagt wird. Doch und das ist die Essenz der Aussage.
Das Menschwesen das du bist weiß darum. Viele viele Schleier hast du um dein altes Wissen gewickelt, ja gelegt, um es zu hüten für die TAGE DER AUFGEHENDEN SONNE. FÜR DIE SONNE DIE ALLE UND ALLES ERHELLT.
Nun Freund der Freunde, die Zeit ist nah und du weißt auch das. Es mag dir jetzt so erscheinen als hättest du alles vergessen und doch...so erSCHALLt es aus der geistigen Welt: Dem ist nicht so. Wahrlich es erscheint nun sehr sehr wichtig für dich zu werden, wie du das was du als Mensch Leben nennst, betrachtest und wertest.

DER RITTER DES TODES Der immer wieder zu einer herumgeisternden, ja auch herumirrenden Gestalt ist eine alte Figur im UNTERBEWUSSTEN des Menschen. Im kollektiven Unbewussten des Menschen wird. Dieser Ritter in seiner Rüstung auf seinem treuen Pferd hat niemals seine Rüstung abgelegt. Ja niemals die Sonne direkt auf seine Haut gelassen.
Dieser Ritter des Todes steigt hinab in die tiefsten Tiefen des Lebens, um den Tod auf vielfältige Weise ins Leben zu bringen. Denn das Leben ist ohne den Tod nicht komplett. Besser ausgedrückt GANZ. Und nun da du lange als Ritter des Todes gelebt und fungiert hast, kannst du den Tod vollkommen transformieren, ja transzendieren. Hierfür würde die geistige Welt schon gern ein NEUERES WORT einfügen, das dem Ganzen noch mehr gleichkommt. Die Schwingungsfrequenz ist jedoch

auch so da. FÜHLE…

Ritter des Todes sind Menschen, die vom Tod begleitet werden und den Tod begleiten. SINNBILDLICH. Das heißt sie gehen lange Wegstrecken ihres Lebens in dem Bewusstsein, das ihr Leben jeden Moment zu Ende sein kann. Auf diese Weise, rein menschlich betrachtet, sind diese Menschen selbst sehr eingesperrt durch Urteile und Bewertungen von dem was menschlich betrachtet gut und schlecht, richtig und falsch usw. ist, reinigen sie das eigene Gewissen und das kollektive Gewissen.

Nun denn du Ritter des Todes deine Kraft und Gestalt wird nun - nun da die Zeit gekommen ist - erkannt. Und nun da DU erkannt bist, können sich die Knoten in deinem Leben lösen.

Viele deiner verschlungenen Wege als Ritter des Todes werden sich dir nun offenbaren und du wirst erstaunt sein über deine Wahrnehmungen und Einsichten.

Nun da du darum weißt, ist es auch Zeit deine alten Spiele zu beenden. Du kannst dich nun auch nicht mehr selbst täuschen. Und ja es ist deine Pflicht, dich nun aus den Verwicklungen zu befreien. Dein Wissen möchte ankommen. Es möchte die geistige Welt mit der irdischen Welt verschmelzen auf das ALLES EINS IST.
Der Tod - Lichtbringer, Lichtträger, Lichtgestalter – BRÜCKE ZWISCHEN DEN WELTEN, möchte nun als das erkannt werden was er ist.
"Motor des Lebens "… HERZ
HERZ
HERZ
HERZ

Und so kannst du nun wählen, was du mit deinen Kräften gestaltest. Für dich, der keinen Vater im heiligen Sinne hatte, wird es nun auch Zeit die alte irdische Familie vollkommen zu entlassen. Dein irdischer Vater hat keinen Zugang mehr bzw. er hat keine MACHT MEHR ÜBER DICH. Das weißt du schon lange und dennoch wolltest und konntest du dich nicht lösen. Denn und auch das weißt du: Du hättest in die volle

Eigenverantwortungen gleiten dürfen.

Ent BINDE dich von der alten Familie auf das du dich mit deiner Seelenfamilie VERBINDEN kannst
Lausche dem Wort ENT BINDEN.

Nun auch du bist Vater. Erinnere dich daran, das du auch schon viele Male VATER EINES VATERS warst. Und das genügt, um die

Kraft aufzubringen, dich aus deiner alten irdischen Familie herauszubewegen.
Schau mit deiner Reife auf das BILD dieser Familie und es wird dir nicht mehr schwer fallen, loszulassen. Binde dich nicht mehr daran, denn auf diese Weise bindest du dich an viele Süchte.
Was ausdrückt, das du etwas suchst und glaubst es nicht zu finden.

Vater eines Vaters nutze deine Reife und erlaube dir Bewusstsein PUR KLAR UND REIN wahrnehmen zu dürfen. Es braucht keine Umwege mehr. Der Tod ist ein großartiger Lehrer,

ein so helles Licht! Spürst du wie er dich schon so viele Male durchstrahlt hat. In deiner größten Angst hat er dich in seine Arme genommen und er hat dich durch all das Leid - "LIED" - geführt. Immer wieder hat er dir DAS VERKÖRPERTE LEBEN

erhalten und so fragen wir dich: Warum?

WARUM UNGELIEBTES KIND!?
GELIEBTES KIND

Die Sonnen sind immer da. Du kannst sie fühlen und sie bieten dir unendlichen Einblick in Quellen von Licht und Schönheit. Begreife das niemand dich entbinden, ja verbinden kann. Nur du selbst kannst es tun.

Geliebtes Kind hörst du den Ruf der NEUEN ZEIT. Du bist hier, immer noch hier. Und JETZT darf sich dir der Sinn offenbaren. Willst du das!?

Sag klar und deutlich JA zum Leben und du wirst das geliebte Kind sein können.

Dein heller klarer reiner Geist und deine reine Seele SIE SIND.

NIEMAND HAT DIE MACHT DEIN HÖCHSTES ZU ZERSTÖREN.

So beginne Frieden mit dir zu schließen.

Dieser Frieden wird dich hüten wie ein Vater, wie eine Mutter...

Wähle: Liebe oder Zerstörung. Du bist die Macht....

EINZIG
SELBSTMORD
KRIEGER DES LICHTES

EINZIG der der sich erkennt, kann den Weg der Seele ERWACHEND weiter gehen.

Die Seele hat dir alles immer wieder offen gehalten. Sie hat dich immer wieder erinnert, aufgenommen. Sie hat dich immer wieder an der Hand genommen. Denn wisse:
Die Seele ist unendlich geduldig.
Sie ist sanftmütig, so rein wie Kinderlachen, so klar wie der Quell eines Gebirgsbaches.
Sie ist unversehrt, voller Kraft und strahlendes Licht, ja einfach Liebe.
Wisse deine Seele trägt dich an allen Tagen.
Wisse sie hält dich an allen Tagen.
Wisse sie urteilt nicht über dich und über das was du tust und wie du mit deinem Leben umgehst.
Wisse die Seele ist viel viel größer, schöner und liebevoller als du es dir jetzt vorstellen kannst.

Vielleicht hast du einfach nur große Angst davor, die Größe, Weite und Reinheit des Lebens zu spüren. Ja und je weiter du dich vom Leben entfernst, umso mehr spürst du es, das Leben. Wenn auch auf eine Weise, die schmerzhaft, anstrengend und begrenzt ist. Je begrenzter dein Leben wird, umso mehr spürst du diese Grenzen, die da sind. Du spürst das Leben als wärst du ein gefangener Panther. Schwarz voller Glut in einem Käfig. Diese Glut leben zu wollen, immer wieder zu löschen, kostet dich alle Kraft die du hast.

Der Panther hat unendlich viel Ausdauer und er ist in den schamanischen Welten ein Wanderer durch alle Leben. Er birgt in sich die Weisheit, alle Leben jetzt zu einen und er kann den Fokus auf das richten, was jetzt wirklich wichtig ist. Der Panther weiß um den Tod wie kein anderer und er begleitet jene, die den Tod als Begleiter gewählt haben. Vielleicht lieber Freund der Sonnen und des Lichtes, der strahlenden Kraft des Windes, vielleicht kann er dir als Freund und Weggefährte dienen. Er, er hat ein bedingungsloses JA für dich. Er hat ein bedingungsloses JA für alle Stadien des Lebens...

SELBSTMORD...wie oft hast du dich selbst geschlagen, getreten, wie oft hast du dich gehasst und...So lange schon lebst du den Mord an dir selbst aus und bis jetzt hat keine Flucht ins Vergessen wirklich geholfen. Immer wieder wirst du erinnert auf grausame Weise. Der Dämmerzustand zwischen den Phasen der Erinnerung wurde immer länger, tiefer und dunkler. Du entglittst immer mehr....
und nun da die Tage, die Zeit EINE ZEIT wird, möchten auch deine Leben EIN LEBEN werden.

Du bist als Bruder der Menschen gekommen. Als Bruder, der seinen Brüdern und Schwestern MIT SEINEM LICHT DIENEN WOLLTE UND WILL. Solange schon verspottest du dich selbst. Solange schon schlägst du auf deinen Geist ein mit allem möglichen und obwohl du das tust, wirst du ihn niemals brechen können.
Auch der Tod bricht deinen Geist nicht.
Du machst dann anstelle von hier einfach dort weiter. Und die Themen, die es zu lösen gibt, nimmst du mit. So oder so. Auch wenn du noch soviel unternimmst, um dein Licht zu löschen, es wird dir nicht gelingen.
Also kannst du auch einfach damit aufhören.
Wieso hast du überhaupt damit angefangen dein Licht ZU BRECHEN. Mit brechen ist gemeint, wieso spaltest du dein Licht in soviele Splitter auf...Splitter, die dich schmerzen anstelle von Strahlen lassen...

SCHMERZ
SCHMERZ
SCHMERZ

SCHMERZ hat ungeheure Kraft. Du weißt das und nun, nun da du anfängst dich selbst wieder zu spüren, nun ist die Zeit gekommen dem Schmerz zu begegnen. Ihm ins Gesicht zu sehen. Wenn du das tust, wirst du die Liebe darin finden, die du dir selbst verweigert hast. Die du dir vorenthalten hast.

Du wirst darin Ströme von Liebe erkennen, die zu Schmerz geworden sind, weil du es nicht zulassen konntest, dich SELBST ZU LIEBEN.

Versteh geliebter Bruder!
Niemand kann dich an Stelle von dir selbst lieben.
Niemand kann diese Liebe von dir für dich haben und dir geben.
Nichts und niemand kann diese Liebe von dir für dich ersetzen oder aufbringen.
SELBSTLIEBE IST DIE KRAFT DIE HEILT.
SIE IST BEDINGUNGSLOS KLAR REIN UND DEUTLICH.
SIE IST VOLLER WÄRME, FÜRSORGE UND SOVIEL GLÜCK IST DARIN GEBORGEN.

Du hast diese SELBSTLIEBE hierher auf die Erde mitgebracht und sie ist immer noch da. Sie wohnt in deinem Herzen. Immer während, auch wenn der Verstand oder das Ego andere Strategien verfolgen.
Lasse dich nicht mehr verführen von den Stimmen des Suchens...
tritt ein in den Kreis derer, die finden, ja da sein lassen und annehmen, was immer schon da war und ist.
Höre die Stimmen des Todes! Sie zeigen dir klar und deutlich, was Leben ist.

Leben und wie es geht. Ja all das ruht in deinen Händen. Wie immer schon und ewig.
Einzig du entscheidest, wohin du deine Energie gibst und lenkst.

Und nun KRIEGER DES LICHTES breche den Bann.
Denn Bann der Väter und Mütter.
Den Bann der ungeliebten Kinder.
Breche den Bann der kalten Herzen und lasse dein Licht strömen so wie du es in unzähligen Leben vorher schon erlernt hast.

TRITT EIN IN DEIN WISSEN
DEIN WISSEN KRIEGER DES LICHTES WIRD GEBRAUCHT.

JETZT *ist die Zeit gekommen es leben zu lassen .*
Dieses kristalline so klare und doch so sanftmütige Wissen, das direkt der Quelle allen Lebens entspringt.

WASSER
WASSER
WASSER

Lasse das Wasser fließen auf das es all die ausgetrockneten alten Schlachtfelder reinige, um im Gewahrsein des neuen Tages den Ritter des Todes in einen freien Mann zu verwandeln.
Mögest du und all deine Brüder frei sein.
Mögen freie Männer die Erde und alles Leben schützen.

WANDEL BEGINNT IM EINZELNEN
WANDEL ERSCHAFFT BEWUSSTSEIN
BEWUSSTSEIN ERSCHAFFT WANDEL
BEWUSSTSEIN IST SCHUTZ UND FÜRSORGE - VERSTRÖMEMDES UND VON DIR GELENKTES LICHT
DAS LEBEN SCHÜTZEN BEGINNT IN JEDEM EINZELNEN MANN - IN JEDER EINZELNEN FRAU

DAS KIND UND DIE ERDE

ALLES IM LICHT

DIE REISE BEENDEN
DEN TRAUM GESTATTEN
DAS LICHT UND DIE NEUE MACHT

Geliebter Bruder hörst du das Wispern, das Raunen...fühlst du das lebendige Pulsen des Lebens...immer während ergißt sich die Flamme des Christus durch dich auf die Erde. Das Licht deines Bruders schützt und nährt dich. Es führt dich nun heraus aus der Wüste zurück in fruchtbares Leben.

Viele Wege werden sich dir eröffnen. Viele Gesichter werden sich dir zeigen und du wirst im Pulsieren der Lebensenergien deinen AUF TRAG entdecken. Er mag sich dir in Vielerlei offenbaren, auf das du ihn dann in Gestalt bringst. Mit Gestalt ist gemeint, das du deine Wahrnehmungen umsetzt - ÜBERSETZT.
Dein Wissen möchte unter die Menschen kommen und bitte fang an Wissen als Schwingungen zu sehen. Für dich ist es sehr wichtig, das gründlich zu vernehmen, da du deine geistige Kraft, die du mental und emotional vollkommen rein und frei einsetzen kannst, AUCH UNSICHTBAR ausdrücken kannst. Versteh das HANDLUNG auch vollkommen geistiger ART und emotionaler ART sein kann.
Nimm dir ein Beispiel wie hören. Wenn jemand spricht, kannst du das Hören auf eine Schwingungsfrequenz bringen, die dem Sprechenden HEIL zu teil werden lässt. *Alles was du als Mensch, als WESEN MENSCH tun kannst, kannst du auf eine völlig neue hochschwingende Frequenz bringen. Einfach, indem du BEWUSST BIST. Einfach, indem du JA sagst. Indem du DANKST.*
Indem du ALLE BEREICHE deines Lebens reinigst, klärst und dich ganz dem frei werden aller Lebensthemen HIN GIBST.
Du kannst HIER UND HEUTE, JETZT einen vollkommen neuen Zugang zu deinem Leben wahrnehmen. Einfach, indem du dich für alles was du tust, denkst und fühlst öffnest.
DICH SELBST WAHRNEHMEN MIT ALLEM WAS DU BIST IST DEIN SCHLÜSSEL ZUR FREIHEIT. Ganz bewusst wird DEIN SCHLÜSSEL ausgesprochen, denn es geht UM DEIN LEBEN.
Auch wenn dir deine irdischen Eltern das Leben nicht so zugestanden haben und du genau das weiter gemacht hast, so ist das Zugeständnis leben zu dürfen anSCHEINend auf einer sehr tiefen Ebene in dir vorhanden. So ist es auch auf einer sehr

hohen Ebene vorhanden.

Du hast wie immer die Wahl. ....Schein und Schein - was wählst du.

Selig die, die in der Tiefe die Schätze der Dunkelheit sehen und annehmen. Alles was der Mensch ablehnt an sich, alles was er nicht mag an sich entfaltet sich nicht zu einem Schmetterling, der schön und leicht fliegen kann. Nein alles was abgelehnt wird, was bewertet wird, was vom Ego aufrecht gehalten wird...all das wird zu einem Bumerang. Ein Bumerang kehrt nun einmal zurück, ja und er kehrt mit voller Kraft zurück.

Du hast so unendlich viel Licht zur Verfügung...
Wähle Bruder
Wähle und WISSE *deine Wahl geht ein ins große Ganze.*
WÄHLE UND WISSE - *alles was du tust hat Konsequenzen.*

Sei klug und handle weise. Deine Reise durch die Dunkelheit kannst nur du gestalten.

DEN TRAUM GESTATTEN kannst du in vielerlei Weise aufnehmen und annehmen. Es liegt an dir.
In der Tiefe deiner Seele ist ein Traum geborgen. Dieser Traum wurde schon "sehr sehr lange" geträumt und dieser Traum ist auch ein Traum, denn du bis jetzt gehütet hast. Dieser Traum hat mit uraltem Wissen zu tun. Mit Sternreisenden, mit Sternreisen. Es offenbaren sich Wesenheiten, die jetzt während geschrieben wird direkt hereinblicken. So quasi hey nimm endlich Mal zur Kenntnis, das wir da sind. Es geht um Verbindungen. Bitte nimm einfach die Schwingungen auf und deine Seele bzw. deine Führung wird dir weiteres mitteilen. Die Schreibende achtet sorgsam darauf, dir DAS DEINE zu überlassen. Das Freilegen des Traumes und aller Energien. Bitte zerbrich dir nicht den Kopf. Das kannst du so nicht bewegen...

Es zeigt sich ein Bild: Wasser tropft Tropfen für Tropfen von oben nach untern vor einem weißen Hintergrund. Es scheint sich hierbei um ein Bild zu handeln, das über sehr starke Trance Energien verfügt. Für die Schreibende eine sehr interessante Übersetzung... LASSE DICH FÜHREN

DIE ALTE MACHT...SCHAU SIE IMMER WIEDER DIREKT AN. DEINE ALTE MACHT UND WIE DU SIE AUSGELEBT HAST.
Vieles wirst du dadurch lernen auf eine sehr schnelle intensive Weise. Und spüre hin, wo du dich wieder in die alte Macht flüchten willst und warum.

DAS LICHT UND DIE NEUE MACHT
JA DEIN LICHTWESEN, DAS NUN MIT DIR EINS SEIN WILL
LÄSST DICH LICHT UND MACHT SEIN

BRUDER BIST DU BEREIT?

HIMMEL UND ERDE EINS IN DIR

ENT SCHEIDEN

Seine Sonne nun erwacht
in der Kraft des neuen Lebens.
All sein Streben nun wird eins
das Lichte und das Dunkle...
nun in einem Leben da.

Sein ent scheiden nun sich neu erschafft
Licht und Dunkelkraft erwacht...
die Liebe nun erblüht
in all ihrer Schönheit.
Deine Liebe ist so einzigartig...
spürst du ihre Farben
ihren Duft
ihren Klang...
Erlaube dir nun ZU SEIN
zu sein wer du bist...
Das Alte geht, das Neue kommt.
In EINEM geschehen die Wunder!

*In der Tat
- du ent scheidest!*

TROMA

DER GESEGNETE
ÜBERSINNLICH
REIF

Gotteskinder versammeln sich an einem Tag, der naht und alle diese Gotteskinder haben in sich die frohe Botschaft des Lebens. Des Lebens aus der unerschöpflichen Quelle reinen Bewusstseins.
Diese Gotteskinder, Brüder und Schwestern im Geiste, Brüder und Schwestern der EINEN SEELE ... Sie alle spüren den Ruf des Wissens und sie alle gehen auf ihre individuelle Weise den Weg des Lichtes. Auch wenn es nicht immer einfach ist....

ES GESCHIEHT ist ein natürliches Gewahrsein, das einem Wissen entspringt, das noch von wenigen Menschen verkörpert wird.

Eines dieser Gotteskinder bist du und tief in dir ist dieses Gewahrsein verankert. In diesem Leben Seele vieler Seelen hast du dir vorgenommen, es geschehen zu lassen. Dein FÜHLEN, das was unter den Programmierungen fließt, wird von dir immer wieder kurz berührt. Und dann, dann spürst du ....

Du bist in dieses Leben gekommen mit der klaren Absicht, deinen Geist und deine Seele auf die Erde zu legen. Um mit der Erde ganz EINS zu werden. In deinem Körper willst du das Licht ganz entzünden, auf das es leuchte und leuchte. Dein Herz in deiner Mitte es will entflammen. Entflammen in der Liebe und im Segen deines Bruders Christus. Seine Botschaft ruht in dir und diese Botschaft dringt aus dir.

Nun lieber Bruder, der du unter uns bist! Was schmerzt dich noch sosehr, das du meinst, so viele Opfer seien nötig!? Opfer im Sinne von Anstrengung und Überanstrengung. Du Sohn und Mann verdienst es leichter zu leben. Leichter zu genießen. Wir, ich Gott, ich die Göttin wir teilen dir mit, dass du gerne unsere

Energie aufsuchen kannst, um dich zu speisen.

Ja speisen ist ein gutes mutiges Wort für dich.
Du verstehst es dich zu speisen und auch nicht ... JETZT ...
JETZT ist es wichtig dir darüber gewahr zu werden, was dich wirklich und wahrhaftig speist, ja nährt.

Denn versteh Bruder unter Brüdern und Schwestern, das ist die Kraft, die in dir wohnt. Wenn du für dich noch viel mehr spüren kannst was es ist, das dich speist ... Versteh blicke hinter die Äußerlichkeiten. Blicke tiefer. Ja dann Bruder wirst du auf die Kraft des Erschaffens, des Nährens und des Liebens stoßen.
Du wirst in der Tiefe deine ureigenste Wahl für dieses Leben fühlen und wenn du dich damit wieder verbinden, ja EINEN kannst, wird dein Leben viele Wendungen nehmen und aus alten Erschwernissen gehen können.

Du kommst durch tiefe Innenschau und Wahrnehmung zum KERN DEINER UREIGENSTEN KRAFT und wenn du die Verbindung dazu wieder aufnimmst in REINER KLARER GESTALT, werden deine schöpferischen Ressourcen und deine Potentiale zu fließen beginnen. Dein Tun wird sich verändern und sich deinen Potentialen gemäß ausdrücken.
DU BIST DER GESEGNETE.

Hier liegen jedoch auch deine Stolpersteine begraben, denen du nicht so gerne begegnest.
Stolpersteine sind dir suspekt und am liebsten ist es dir, wenn du alles im Kopf hast und wenn du alles durch deinen Einsatz und deine Kompetenzen im Griff hast. Doch und du weißt das, in diesem Leben geht es darum, dieses im Griff haben auf eine höhere Stufe zu bringen.
Es geht darum, sich aus alten Mustern und Programmen des Erschaffens zu lösen, um die NEUEN ENERGIEN erfrischt und in Ruhe aufzunehmen. Um sich damit NEU zu bewegen. NEU BEWEGEN heißt sich frei zu machen von alten Vorstellungen des Erwerbens, um NEUEN KREATIVEN IDEEN Platz zu machen.

Platz schaffen ist ein inneres Anliegen.
Platz schaffen für das reine Potential in dir, für deine Essenz, dein wahres Wesen.

Platz schaffen geht einher mit dem Loslassen des Alten und nun ist es Zeit deine Rumpelkammern zu lehren. Rumpelkammern sind INNERE Orte, an denen Menschen ihre Verletzungen, Muster usw. hinterlassen, um sie nicht fühlen zu müssen. Doch wie wir ja alle wissen: Auch wenn wir das alles nicht mehr bewusst wahrnehmen, ist es doch da und all das führt sozusagen ein Eigenleben in uns.
Bei näherem Betrachten und Wahrnehmen können wir feststellen, welche Bereiche unseres Lebens dadurch brach liegen, vergiftet werden oder scheinbar tot sind. Bzw. unter falscher Macht begraben liegen.
Geliebter, ja Bruder! Es ist nun Zeit, dich deinen innersten persönlichen Angelegenheiten zu widmen. Auf deine persönliche Weise. Und wisse, das heißt nicht, dass du ewig damit beschäftigt bist. Du wirst jetzt deine Bewertungen fühlen können. Ach immer diese Gefühle und du wirst spüren, das du lieber aufstehen willst, um etwas zu arbeiten, etwas zu tun.
Nun Bruder diese deine inneren Angelegenheiten, sind das um und auf. Um in die freie Schöpferkraft einzutreten. Ja sie einnehmen zu können.
Deine alten Programmierungen möchten DURCHSCHAUT, ja aufgelöst werden.

Dein LICHTHERZ möchte geboren werden
und das geschieht durch dich in dir.
Bruder du weißt darum.
Bruder in dir ruft frei sein nach dir
und auch wenn du noch so viele Ziele hast …
frei sein ermöglicht es Ziele leichter und müheloser umzusetzen.

Die Umsetzung - die Materialisation - möchte sich leichter und sanfter ausdrücken.

DEN SANFTMÜTIGEN GEHÖRT DIE WELT! Bruder du bist so sanftmütig und diese Kraft wird nicht nur von dir für dich heilend sein, sondern auch für alle deine Brüder und Schwestern.
Wisse Sanftmut entsteht da, gedeiht da, wo alte Wunden der Schaffung heilen dürfen. Das Wesen der Heilung will in sich selbst angenommen und integriert werden.
Integration bedeutet alte Erfahrungen anzunehmen. Sie loszulassen. Um sich sich vollkommen neuen Lernerfahrungen

hinzugeben.
Es bedeutet eine weite Schau zuzulassen und nicht an einem *so ist es* hängen zu bleiben. Es bedeutet all die eigenen Urteile und Bewertungen zu hinterfragen. Sich auszudehnen in der Wahrnehmung. Wahrnehmung ist etwas sich ständig Erweiterndes, etwas Wachsendes und es bedeutet Grenzen und Begrenzungen zu erkennen und zu überschreiten.

Nun mache dich auf und erkunde das Leben neu. Öffne dich für deiner Ansicht nach ÜBERSINNLICHE Erfahrungen. Hier hast du einige Mauern um dein wahres Wesen errichtet, weil du auf keinen Fall mehr Angst haben willst. In früheren Leben hast du sehr viel experimentiert mit Übersinnlichkeit, weil es einfach das natürliche Wissen in dir gibt. Doch du bist nicht willkommen gewesen mit deinem Licht, deinem wahren Wesen. Du hast den Menschen sozusagen ihre Illusionen genommen. Du hast ihnen IHREN ABERGLAUBEN genommen. Nun weißt du zumindest ein bisschen, woher deine Widerstände und dein mangelndes Vertrauen kommen. Und hier geht es nun weiter in die Ebenen und Bereiche, die dir ÜBERSINNLICHKEIT und diesen Themenkreis wieder so vermitteln, das du für dich selbst wieder einsteigen kannst, um dich zu öffnen für DEIN FÄHIG SEIN in diesem Bereich.
Kläre deine alten Geschichten die Übersinnlichkeit in der Vergangenheit und im Jetzt berührt. So kannst du viel loslassen

ÜBER SINN LICH KEIT

REIF bist du im wahrsten Sinne des Wortes für Veränderungen und für dein innerstes Reich, das darauf wartet von dir betreten zu werden. Durch dein äußerlich so kraftvolles schaffendes Leben, hast du deine inneren Welten vernachlässigt und auch verlernt, mit dieser deiner innersten Welt wieder mehr und direkter in Kontakt zu sein.
Das Leben so stark im Außen zu leben kann Ungleichgewichtige erschaffen. Und ein Vernachlässigen der inneren Welten lässt vieles brach liegen, was wundervolle Potentiale enthält.
Nun Bruder wie nimmst du die Worte auf? Bist du bereit zu hören, aufzunehmen, es wirken zu lassen IN DIR oder bist du schon wieder bei dem was du als nächstes tun willst...

RÄUME ÖFFNEN
SICH SELBST NEU ERFAHREN
DAS BILD ÄNDERT SICH

Im Leben eines jeden Menschen kommen Tage, in denen das Herkömmliche und die herkömmlichen Abläufe zwar weiterhin funktionieren und doch gleichzeitig Veränderung erfahren. Auch wenn alles scheinbar seinen Gang geht, geschehen in der Tiefe des Menschen viele Bewegungen, die erst nach geraumer Zeit nach oben steigen. In die Wahrnehmung gelangen.
Viele Menschen haben sich Verhaltensweisen zugelegt, die ihnen ermöglichen mit Problemen bzw. Ereignissen so umzugehen, dass sie quasi nicht aus der Spur geworfen werden. Und ja auf diese Weise erleben sie Emotionen und Gedanken in einer Form, die ihnen ihre Stabilität und Ordnung nicht durcheinander bringt. Im Menschen wird schon in der Kindheit das angelegt, was im Erwachsenen Menschen weiter wirkt. Oft können sich Anlagen nicht entfalten, ja sozusagen mitwachsen. Oft werden Anlagen, die die Seele in dieses Leben mitgebracht hat, einfach zur Seite gelegt und gar nicht mehr wahrgenommen. Und so gibt es Menschen, die gar nichts vermissen, weil sie sich gut und stabil fühlen. Und es gibt solche, die weniger stabil sind und die vieles vermissen. Die das Gefühl haben auf die Suche gehen zu müssen.
"Ein Mensch am Werk, der von …. keine Ahnung hat." Stimmt natürlich nicht. Nun bei näherem Hinschauen ist es so als würde dieser Mensch in einer Schablone sein und dennoch gleichzeitig aus einer Schablone heraus agieren. Die eine Schablone LENKT, AGIERT UND REAGIERT, die andere WIRKT UND LÄSST GESCHEHEN. Die eine Schablone ARBEITET UND KÄMPFT, die andere FÜHRT. Diese Wahrnehmung ist sehr ausgedehnt und spricht
Es ist für die Lesende nicht einfach hier in Worte zu kleiden, was sich in diesem Menschen zeigt. Dieser Mensch ist von seinem Wesen her so liebenswert und er tut alles was er tut auch in bester Absicht. Es ist als könnte in ihm nichts zum Vorschein kommen, was nicht passt. Was nicht in Ordnung wäre oder wenn schon nicht gleich in Ordnung gebracht werden könnte.
Und so ist das Lesen im Moment einfach mühsam und ich, die ich hier lese, lasse jetzt einfach mal dieses Mühsam sein da.

Denn meine Erfahrungen während der Lesungen zeigen mir, dass ALLES da sein darf. Wie sonst sollten die Türen wahrgenommen werden, die sichtbar werden wollen. Wie sonst sollten die Türen aufgemacht werden können, wenn nicht alles da sein darf.

Und ja hier an dieser Stelle tauchen Gefühle auf wie nur ja nichts Schlimmes sehen können. Wie nur ja nichts rein lassen. Wie das geht keinen was an und es tauchen ganz hochgläubige Menschen auf, die sich ganz arg zwischen Recht und Unrecht bewegen. Sie sitzen in einer Stube, einem bäuerlichen Raum, stützen die Hände auf und schauen auf das Kruzifix, das im Herrgottswinkel hängt. Wie tot erscheinen die Menschen und es liegt eine unglaublich Dichte über ihnen. Dumpf und noch dumpfer wirkt alles. Und einzig der Geruch von Fett und das Ticken der Uhr erzeugt ANWESENENHEIT.

Während dies aufs Papier fließt, sehe ich eine andere Gruppe , die erscheint. Die Szenerie zeigt eine ärmliche indische Familie und wieder ist diese Familie dabei religiöse Riten durchzuführen. Wieder ist es sehr dumpf und erdrückend. Irgendwie gelähmt so wie im Zeitraffer, der alles in Zeitlupe taucht. Einzig das Licht gleicht sich, das durch kleine Fenster dringt und da es das einzige ist, was lebendig wirkt, leuchtet es sehr stark. Was haben diese Bilder, diese Energien für Botschaften und ich die ich lese merke in mir eine gewisse Anspannung. Was liegt denn in der Luft bzw. um was geht es hier.
Und wieder ist mir als würde es da eine Tür geben, die laut zuknallt und die sagt: Schluss mit all diesem Unfug.
Sehr sehr alte männliche und weibliche Energien bewegen sich hier. Sie bewegen sich in einer mitteleuropäischen Familie. Sie bewegen sich in einer indischen Familie und sie sind in ihrer Dominanz und Selbstgerechtigkeit kaum zu unterscheiden. Uralte Domänen der Macht - weiblicher und männlicher Macht - durchfließen nun viele Räume. Räume, in denen sich Kinder bewegen, die all diesen weiblichen und männlichen Mächten ausgesetzt sind. Die all diesen religiösen Ansichten und Vorstellungen ausgesetzt sind und die gar nicht gefragt werden, wie es für sie ist. Diese Männer und Frauen fragen sich selbst auch nicht, ob das was sie tun auch das ist, was sie wollen. Ob das gut ist für sie und ihre Familien. Sie tun einfach was ihnen

beigebracht worden ist und geben ihren Kindern genau das weiter. Sie geben ihnen ihre Welt weiter. Ihre Welt aus Meinungen, Überzeugungen und sie geben weiter wie das Leben zu funktionieren hat. Sie geben weiter, was sie gelernt haben weiter zu geben. *Ohne sich zu fragen, was ihre Macht anrichtet und ohne zu fühlen, was sie MACH(T)EN.*
Sie sind sich über ihre Macht nicht im Klaren und sie kommen von sich aus gar nicht auf den Gedanken oder zu dem Gefühl Macht auszuüben.
Frau und Mann, Vater und Mutter haben sehr sehr viel Macht.
Und hier an dieser Stelle kommt das KIND herein, das sich so allein gelassen fühlt. Keine Mutter, kein Vater da.
Und hier reiht sich eine lange Schlange an Kindern aus der GANZEN Welt auf, die ihre Mutter und ihren Vater kaum sehen. Kaum wahrnehmen können. Kinder, die zwar gezeugt werden und geboren werden und für die dann jedoch kaum Zeit ist.
Hier an dieser Stelle hebt sich und senkt sich das Land, die Erde. Die Erde ist es, die den Schmerz der Kinder trägt. Den Schmerz der Kinder, die rund um den Globus alle lernen ihre kleinen Füße auf die Erde zu stellen. Die alle ihre ersten Schritte tun. Die ganz klein ankommen und dann ganz schnell groß werden.

Eine Tür geht nun auf und ein kleiner Junge stellt sich hinein, sodass jeder sehen kann:
Die Tür ist auf und ich bin da.
Er weiß, dass die Tür in eine Welt führt, in der Kinder wieder das sein dürfen was sie sind.
BOTEN DES EINEN LICHTES
GESCHENKE DES LEBENS AN MANN UND FRAU
AN MUTTER UND VATER
LIEBE TRAGENDE UND VERSTRÖMENDE WESEN DIE MENSCH GEWORDEN SIND, UM AN DIE LIEBE UND AN DIE EINE KRAFT ZU ERINNERN
MÖGE DEN KINDER ZUKOMMEN WAS IHNEN GEBÜHRT
DIE ERDE NUN IHRE HEIMAT

ERDE
ERDE
ERDE

"HALTET EIN", DER JUNGE RUFT.
Er ruft in sich schon so lange.
Hörst du dich?
Der Junge in dir, er möchte dass du ihm antwortest.
ER MÖCHTE DAS DU IHN FÜHLST UND WAHRNIMMST.
Er möchte sein Wissen und seine Liebe an dich weiter geben, auf dass du bist wer du bist.
DU BIST KIND UND MANN.

EIN MANN GING VORAUS.
EIN BRUDER GING VORAUS.

ER SAGTE: "WERDET WIE DIE KINDER."
Und nun kleiner Junge wisse: Du wirst gesehen.
Danke dass du dich gezeigt hast. Mögen die Herzen aufgehen und überfließen geliebtes Kind, geliebter Mann.

RÄUME ÖFFNEN, SICH SELBST NEU ERFAHREN. Ja hier und heute wurden viele Räume geöffnet. Diese Räume stehen dir und jenen zur Verfügung, die sie betreten wollen. Die Willens sind sich Platz zu schaffen, um sich neu zu erfahren. Auch wenn das Leben gut läuft, fordert die Seele dazu auf tiefer zu blicken. Genauer zu schauen. Sie fordert dazu auf alte Räume zu betreten, um sie zu reinigen, zu durchlichten. Sie fordert dazu auf alten Schmerz ins Fließen zu bringen, auf das Lösung und Erlösung geschieht. Alles was du tust, wirkt sich auf das große Ganze aus. Alles was du erlöst, erlöst du für alle.
Dein Bewusstsein öffnet NEUE RÄUME, die noch leer sind und dennoch lichtdurchströmt.

ALLES SEHNT SICH NACH DEM NEUEN

DAS BILD ÄNDERT SICH
DER MANN WIRD NEU GEBOREN
DIE FRAU WIRD NEU GEBOREN
DAS KIND IM MANN LEBT
DAS KIND IN DER FRAU LEBT

ES WERDE LICHT

HELDENHAFT
DER TOD DER ELTERN
VOM SAGENUMWOBENEN REICH

Viele Leben hast du um dich selbst gerungen. Deine Inkarnationen haben dich mit vielem in Kontakt gebracht. Auch mit dem, was es bedeuten kann, sehr stark geprägt zu werden von Kulturen und Religionen. Das hat in dir Spuren hinterlassen, die nun in deinem Bewusstsein auftauchen möchten. Diese starken Energien und ihre Inhalte bergen tiefsitzende Ängste, Manipulationen und auch sehr intensive Trennungen von dir als LICHTWISSEN, LICHTWESEN.
Du bist ein weitgereister Mensch – weit gereist in irdischem Kleid. Du hast viele viele Erfahrungen gesammelt und bist mit wundervollem Wissen in Kontakt gekommen. Dich interessierte immer wieder das MYSTERIUM LEBEN und nun da diese Worte erscheinen, wird sehr deutlich, das du ein Diener des Lebens warst und bist. Damit ist Dienen im höchsten Sinne gemeint. Du dienst dem Licht, der Wahrheit und so hast du vieles in dir verschlossen, damit es dann zum Leben erwacht, *wenn die Zeit dafür gekommen ist.*

Du hast dich verschlossen. Auch weil du immer wieder die Erfahrung gemacht hast, das die Menschen, ja die Menschheit zwar Wissen haben möchte, jedoch nicht nach diesem Wissen leben will. *Dieses Wissen ist für dich ein sorgsam liebevoll und bewusst mit allem Leben umgehen. Es schließt ein jeden Lug und Trug aufzugeben. Es schließt ein jegliche Manipulationen zu unterlassen und es schließt ein, das alle Menschen gleich sind und gleich wertvoll. Die Grundfesten des Lebens, der menschlichen Existenz werden dadurch berührt und Wissen dient in deinem Fall dazu, diese Grundfesten zu leben, zu fördern und zu erhalten.*
Diese ganz tiefen weiten Einsichten, die du GESCHAUT hast in vielen Leben, haben dich in dieses Leben gebracht und nun nun gilt es hier in diesem Leben die Türen wieder zu öffnen, für das was du in dir eingeschlossen hast. Du hast die Schlüssel dazu in deinen Händen, in deinem Herzen und es ist von unermesslicher Güte und Liebe dich mit diesen Schlüsseln zu wissen. Wir, ich Gott und ich die Göttin, wir deine himmlischen Eltern wir wissen

um dich du unser Sohn, Ausdruck unser Kraft und Liebe. Und wir bitten dich trotz all der alten tiefen Vorstellungen, dich wieder zu öffnen für dein wahres Wissen, dein so strahlendes Licht.

BRUDER IM LICHT
MANN IM LICHT
GELIEBTER IM LICHT

Unermesslich schön dein Seelenkleid gewebt aus goldenen Fäden so fein, das das Herz überfließt vor Achtung und Liebe. Dein Seelenkleid, das du trägst um es hier auf der Erde zu entfalten.
Oft hast du HELDENHAFT dein Leben gelassen im Kampf für Recht und Stabilität. Oft hat dich auch falsches Licht geblendet und du hast deinen Geist nicht schützen können vor dem Gift der Niedertracht. Insbesondere im religiösen Bereich und im Bereich des Wissens sind Verletzungen geschehen, die in deiner Seele "gebrannt haben". Nun darfst du dich von all diesen alten Inkarnationen befreien - wenn du das möchtest – und du darfst hier und jetzt vollkommen klar und rein auf dein Wissen zugreifen und es ins Leben fließen lassen.
Heldenhaft bist du gestorben für das Leben. Unzählige Male. Heldenhaft hast du dich immer wieder ins irdische Leben gebracht. In längeren Phasen bist du auch im Universum herum gereist und auch hier hast du vieles aufgesammelt, was jetzt auf der Erde von herrlichem Nutzen ist.
Nun du großer Schatz fürchte dich nicht ob all dieser Worte. Es wird nichts von dir verlangt, was du nicht willens bist zum tun. Du wählst nun inwieweit du dich öffnest für diese Welten, die in dir schlummern und du bist es, der bestimmt wieviel davon du zulassen möchtest.
Vielleicht mögen dich diese Worte berühren an den Punkten, an denen das alte UNGEHALTEN SEIN auftaucht. Ein Ungehalten sein, das all diese Schwätzer und Gestalten meint, die du in Erinnerung hast. Die, die soviel Worte und soviel Wind gemacht haben! Denen bist du oft begegnet. Und so hast du in dir noch so alte Wiederstände, wenn jemand "SCHÖN SPRICHT".
Hier an dieser Stelle kannst du dein Herz befragen und du kannst die alte Skepsis spüren, die dich noch hindert das Licht in

den Worten zu fühlen. Doch auch das sei dir gestattet. Denn nur du allein kannst entscheiden, was du nimmst und was du lässt.

DOCH WISSE:
DIE ALTE ZEIT IST VORBEI UND DIE NEUE LÄNGST ANGEBOCHEN.
UND WISSE:
DIEJENIGEN DIE DEIN HERZ ERKENNT, HABEN ALLE AUCH VIEL ALTES ZU ÜBERWINDEN, DAS IHNEN IMMER WIEDER EINFLÜSTERN MÖCHTE AUF VIELFÄLTIGE WEISE, DAS SIE .....
WISSE:
DAS LICHT IST WAHR
IMMER BRUDER IM LICHT
DER TOD DER ELTERN kam als Führung und das mag jetzt vielleicht erschrecken. Auch die Lesende war einen Moment irritiert, doch wie ja schon angesprochen, es wird sich weisen. Auch hier wird wieder die Unerschütterlichkeit der Führung eingefordert, die kommen lässt was kommen will.
Der Tod der Eltern ist ein Ausdruck für die Entmachtung aller alten Systeme. Alle alten Systeme berühren Vater und Mutter, ja uralte Erziehung Modelle, die tief verwurzelt im Einzelnen und in der Gemeinschaft sind. "Du sollst Vater und Mutter ehren" ... ein Satz der so vieles berührt. So tief hineingeht in Kammern, in denen uralter Schmerz und uralte Verletzungen hausen. Väter und Mütter, die in sich den Schmerz ihrer Väter und Mütter tragen. Schmerzen und Verletzungen, die von allen Systemen – Politik Wirtschaft Finanzen Bildung Religion Familie Körper und Gesundheit Krankheit ... - dazu benutzt werden, Menschen zu benutzen. Um weiter das Alte in scheinbar neuen Kleidern unentwegt zu wiederholen. Tief im kollektiven Bewusstsein, im Bewusstsein des einzelnen Menschen ist diese ewige Schuld eingegraben, die es nun zu enttarnen, ja anzuschauen gilt. Sogar der liebe Gott hat in diesem Spiel nur die Rolle, die ihm zugedacht wird und wenn es um Macht geht, schickt der Mensch in seiner Vermessenheit im Namen Gottes jene aufs Schlachtfeld, die sozusagen dem Vaterland dienen. Wer dient dem Mutterland, wobei es ein solches gar nicht gibt. War nie die Rede davon. Es gibt nur Mütter, die ihre hungernden Kinder herumschleppen in einer zerstörten Gegend. An den letzten riesen Weltkrieg erinnern unzählige Dokumentationen und Filme. Trotz allem haben die Kriege nie aufgehört. Und auch heute noch sehen wir Mütter mit ihren hungernden Kindern und

Zerstörung. Jeden Tag schalten wir den Fernseher ein und sehen Väter und Mütter im Krieg. Wir sehen Väter und Mütter, die arbeiten wie wild und ausgebeutet werden, damit sie die Wirtschaft am Laufen halten. Wir sehen Verhungernde, Kranke, Reiche, ... Leute, die was zu sagen haben und solche die gar nie gefragt werden.
Und nun nach einem kleinen Ausflug ins menschliche Treiben, scheint es notwendiger denn je, hier nicht hängen zu bleiben. Hier einfach nicht weiter mit zu machen. DER TOD DER ELTERN ... der Tod alter Unterdrückungen.
Alter Machtansprüche, die sich immer weiter rechtfertigen wollen durch Ideale und Vorstellungen.
Der Tod der Eltern kann so oder so gesehen werden. Während des Schreibens wird spürbar, welch Tabu immer noch auf Vater und Mutter liegt. Welche Tabus immer noch wirken. Die Gleichstellung von VATER MUTTER KIND SOHN TOCHTER – ein gleich wert sein – was würde das bedeuten?
TABUS .... TABU ja soviel ist immer noch Tabu. Soviel gilt immer noch als unmöglich, als schwerer Verstoß. Und obwohl die Welt voll ist von schweren Verstößen, Gewalt, ja Unterdrückung ist immer noch das GRÖSSTE TABU EIN TABU ZU BENENNEN. DARAN ZU ERINNERN. Der Mensch verleugnet nun schon solange ... Wie lange noch verleugnen?

Du unser Bruder, unser Freund! Du Mann auf deiner Reise! Was erscheint hier alles so unerwartet in deiner Lesung. So tief und weit die Themen, so tief und weit die Führung. So tief und weit INS HERZ HINEIN gehen alle Worte. So stark die Berührungen, so berührend und kraftvoll, das es manchmal direkt weh tut! Niemand hat je behauptet das Bewusstwerdung, ja Licht nicht schmerzt. Es ist nicht das Licht das hier schmerzt. Das Licht es fällt auf den Schmerz und so kann sich der Schmerz erst zeigen. SCHMERZ, DER SCHON EWIG AUF BEFREIUNG WARTET....

LICHT UND DUNKEL NUN EINE BEWEGUNG

VOM SAGENUMWOBENEN REICH

Einst vor langen Spannen hast du wundervolle Visionen gehabt, die dir in vollem Licht WUNDERVOLLE Einsichten gewährten Du magst glauben, dass du das alles vergessen hast. Doch dem ist nicht so. Viele Seelen tragen das sagenumwobene Reich der Liebe und des Friedens in sich. Die Erde, ein wundervoller Stern im Universum kann dieses Reich sein. Wenn du deine Sanftheit und dein Liebevoll sein zulässt, siehst du um dich, da wo du zu Hause bist, schon soviel von diesem Reich. Immer kommt es auf die Seele an, den Frieden, die Stille. SPÜRST DU DEINE SEELE! Deine Seele, die für die Erde und ihr Leben soviel Liebe, Dank und Wärme fühlt. Die sich hier so wohl fühlt, wenn sie die Wiesen und Felder, die Wälder und Blumen sieht. Die sich wohlfühlt im Mensch sein .... Du weißt das das Mensch sein sich noch weiter und weiter offenbaren kann und du weißt, das die Intensität des Erlebens, ja Erfahrens noch viel stärker werden kann und so richtest du deinen Blick auf den Himmel, um die Kunde der neuen Zeit noch klarer und deutlicher zu fühlen. Himmel und Erde gehören zusammen und dieses alte Lied wird zum neuen Lied. Einfach indem es gesungen wird. Gesungen von jenen, die sich daran erinnern, wer sie sind und woher sie kommen.

Obwohl das eine sehr intensive und oft auch schwierige Aufgabe ist, tun sie es.
Was treibt sie an, was fordert sie auf zu gehen?

DER TON DER WAHRE TON .... DAS LICHT ES SPRICHT

IM TON OFFENBAREN SICH DIE SAGENUMWOBENEN REICHE
Im Ton, der alles Leben erschafft.
Du Bruder bist ein Geschöpf aus Fleisch und Blut.
Du Bruder bist ein Geschöpf aus Licht und Segen.
Du Bruder bist Liebe

LIEBE MÖGE DICH TRAGEN
WEIT FORT UND WIEDER HIER HER
AUF DAS DU BIST WER DU BIST
Gnade

AN DER SCHWELLE

Sein Herz es klopft
es weiß um all den Wandel
und so geht der Handel so nicht weiter

Alter Handel nun wird Wandel
sich dem Licht ergibt
und alles abgeschält und frei gelegt
das Leben selbst
es fordert und zutiefst zutiefst sich regt

Sein Herz es klopft
wie eine Hand an alter Tür
"Geh auf" sagt es zu sich selbst und allen anderen Herzen
Lasst los die alten Schmerzen
Wunder werden geboren
im sich selbst zuhören

Im sich selbst gehören ... angehören ...

DIE SEELE

DIE SEELE
sich so reich und voller Liebe schenkt
nun das Schicksal lenkt ...

LARGAN

UNENTSCHLOSSEN
VERDROSSEN
DER KLEINE PUNKT

Vor langen Zeiten "Ewigkeiten" fiel ein Stern vom Himmel und brach in viele viele Teile. Die Teile kamen auf der Erde an. In heutigen Namen sprechend in Asien, Norwegen, Neuengland, in Peru,... Sehr weit verstreut der Eine landete. Größere und kleinere Stücke blieben hier und da liegen. Und obwohl der eine Stern nicht mehr ganz war, war er doch in allen Teilen präsent.

Das Zerbrechen des Sternes war da.
Das Ganzseins des Sternes war da.

In jedem Teil. Und so strahlte er, der sich einst am Firmament verströmte, auf der Erde. In einer Weise die nun einfach eine andere Natur aufwies.
Sang und Klanglos der Zeitenstrom sich wältzte wie schweres Lava – feuerträchtig und heisser als heiß. Heute hier und jetzt die Zeit zerinnt. Sie nicht mehr gewinnt...denn der der will...der will erstehen – ersteht wie *Phönix aus der Asche* – es geschieht...STERBE WERDE in Menschengestalt alles fordert, alles will... alles um wieder in der Natur des Lebens, in der Natur der Quelle zu sein.

UNENTSCHLOSSEN
rankte sich in vielen Leben hoch am HAUS DER SEELE und heute nicht mehr sichtbar das Seelenhaus versteckt vor ihren eigenen Augen auf sie wartet. Mehr als je zuvor. Mehr als in allen anderen Leben vorher das Haus "es ruft " und obwohl die Ranken...die Tür längst offen...! Auf ihre Heimkehr, ja Einkehr sinnend ES atmet ein und aus.
UNENTSCHLOSSEN Geister aus vergangenen Tagen ihre Gestalten wie Schleier hin und her bewegen. Unentschlossen ihre Botschaften. Ihr Ausdruck. Ihr Anliegen.

Kräfte Raub
Kräfte raubt
und immer wieder die Energie sich baut um zu befreien die Frau.
Auf das sie freie ihr Haus.

Leise weinend sie oft in der Ecke sitzt und niemand da der trösten könnt. Der mit ihr ist, dann wenn all der alte Schmerz sie übermannt. Sie hat Angst vor diesem fremden Land in das sie fällt, wenn nichts mehr hält...wenn Wellen und Wogen sie spülen fort. Jetzt ist es soweit.
Nun schaut sie selbst nicht mehr

VERDROSSEN
auf all die Tränen, die noch nicht sind vergossen. Nein hier und jetzt ihr Herz es spricht und langsam lässt sie sich ein auf alten Groll und blinde Wut, denn das tut ihr nicht mehr gut. Übernommen soviel harte Währung alter Spiritualität sie nun endlich geht aus Feldern, die sie trennen, die sich selbst als besser benennen...endlich wird sie frei vom Geist der alten Lust, die sich nährt von Frust und Sonderstellung...ihre Seele lacht und strahlt und atmet wie nie zuvor. Erkannt die Fremde und all die Not, die durch solche Wesen droht.
Verschleierung nun weicht und endlich die alte Wunde heilt.

Vorbei das sich in anderen suchen.
Vorbei das andere brauchen.
Vorbei das sich selbst nicht verzeihen.

Dass sich selbst entzweien. Vor langen langen Tagen hat sie anderen geholfen vieles zu tragen. Unter schwerer Last sie selbst zerbrach. Ihre eigene Kraft zu leben, zu geben, zu erschaffen...ihr Haus es hielt dem Druck nicht stand und seither sucht sie ihr Heimatland.
DER KLEINE PUNKT er ruft sie zu sich. Er lädt sie schon lange ein zu kommen. Und weil er so klein ist, hat sie das Gefühl, er sei zu gering. Ja er sei minder. Vergessen hat sie das der kleine Punkt nur deshalb klein, weil er nicht nah, sondern fern.
Der kleine Punkt er ruft. Wenn sie den Ruf annimmt und zu ihm

geht wird sich alles wandeln. Mein Gott welch wundervolles Handeln. Endlich geklärt, was solange brannte, solange Schmerz entflammte.

SPÜRST DU WIE SICH DER KLEINE PUNKT AUSDEHNT UND ENTFALTET – SPÜRST DU DAS DER KLEINE PUNKT VIEL MEHR IST ALS DU DENKST

Lerne nun weiter vieles über groß und klein und niemehr brauchst du dich entzweien.

Der eine Stern er fiel zur Erde und brach in viele viele kleine Teile. Und obwohl das geschah, ist er immer noch der GROSSE STERN.

SI DA TE AMIRA DE MER E LA ESTE
TU TI SAR
MER EH LAH ON KAR
LAE UOH GAT
DIE MUTTER
DAS KIND
DER FERNE VATER

Vieles was in deinem Leben geschieht, geschieht, weil du es genauso geplant hast. Rein menschlich gesehen, hat sich das oft sehr leidvoll und schmerzhaft angefühlt. Aus deinen eigenen höheren Sichtweisen bereinigst du dadurch eigene und kollektive Zustände des Festhaltens und unversöhnter Bereiche der Zwischenmenschlichkeit.
Es war und ist dir immer noch suspekt wie Menschen Liebe betrachten, leben und wie sie sich sozusagen in dieser sogenannten Liebe bewegen. Du siehst das zum einen natürlich ebenso menschlich, zum anderen lebt in dir das natürliche Wissen was Liebe in Bewegung, *in Verbindung* OHNE BINDUNG mit einem selbst und mit anderen wirklich ist. Auch wenn das alles jetzt ein wenig pathetisch klingt, so ist in der Tiefe der Worte ein Klang, der vieles ins Fliessen bringt.
Soviele Leben, ja soviele intensivste Berührungen hast du schon

hinter dir in denen dir

DIE MUTTER

in unterschiedlichsten Themenbereichen immer wieder begegnete. Immer wieder stellst du fest, das etwas fehlt. Das da etwas ist, was nicht da ist. Und eben weil es nicht da ist, ist es leicht es immer wieder zu vergessen.
Doch nun ist die Zeit gekommen, in der das was fehlt da sein will, ja kann. Es ist nicht entscheidend ob es sogenanntes Licht ist oder Dunkles... Alles will und darf da sein. Erst das Freiwerden des Dunklen macht Platz und ermöglicht dem Licht zu wirken....
DIE MUTTER kommt auf uns alle zu. So auch auf dich. Um dich zu berühren, ja um dich zu umarmen und ja um dich ganz und gar zu bejahen. Die Mutter als freies klares sehr kraftvolles Wesen, das keine Rollen trägt. Die einfach in ihrer Urkraft schwingt und ist.
Und so mag es nur natürlich sein, das sich hier immense Ängste an die Oberfläche schieben. Das es da soviel Verborgenes zu berühren gilt. Soviel Ablehnung, soviel alte weibliche Macht, die aus alten Rollenvorstellungen und Machtansprüchen hervorgeht. Soviel Ablehnung, die aus bedrängenden weiblichen Energien entstanden ist. Dies auszusprechen, ja anzusprechen ist immer noch mit Tabus verbunden. Uralter Ekel der Frau Frauen gegenüber, Müttern gegenüber steckt in Frauen und Männern gleichermassen und vergiftet die Brunnen des Lebens. Und jetzt da die Mutter allen Lebens auf Frau und Mann zukommt, möchte all dieser Ekel, dieses Grau(s)en endlich ans Licht, um angenommen, ja losgelassen zu werden. Zutiefst verdrängter Ekel vor dem weiblichen Geschlecht, dem weiblichen Körper kommt ans Licht...zutiefst verdrängtes emotionales, mentales seelisch geistig ja körperliches Missbraucht werden durch Mütterlichkeit und Weiblichkeit will endlich ins Fliessen kommen. Auch die dunklen Kräfte des sexuellen verlangenden weiblichen Körpers bzw. die Projektion dieser Energien von Mann und Frau, die soviel Kontrolle und Bindung ausüben konnten, möchten gesehen und gewandelt werden.
DIE MUTTER kommt auf dich zu und du spürst schon lange wieviel reinigende klärende heilende Kraft sie mit sich bringt.

Dieser Mutter ins Gesicht zu sehen, von ihr berührt zu werden – zu spüren, was sie ist und wer sie ist - löst Verwirrung aus, ja Angst und *EIN NICHT WISSEN* wie es ist und sein wird....und dennoch werden die Wangen rot und die Augen leuchtend, weil DAS KIND in dir sich sosehr darauf freut, das die Mutter endlich kommt....

DAS KIND

IN DIR, das das immer wusste und das auf diesen Augenblick schon viele viele Leben wartet. Nun spürst du das heile Kind in dir, das unversehrte Kind. Und gleichzeitig spürst du das noch immer verletzte Kind, das die Welt nicht versteht und das immer noch nichts zu tun haben will mit dieser Welt da draussen. Und so ist es jetzt an dir Frau ALLES ZU LASSEN und im Annehmen deiner Selbst alle diese Anteile zu verbinden.

Dein Frau sein und dein Mutter sein will tief gereinigt werden. Indem du dein Bewusstsein tief eindringen lässt in all das nicht gern Gesehene, werden sich enorme Ströme an Licht ergiessen. Die dir wieder die Liebe des reinen Herzens bringen. Die dich rückverbinden mit der Liebe zur Mutter allen Lebens auf das du eintrittst in den Kreis derer, die die Mutter schützen und ehren in dem Masse, indem es ihr gebührt. Kein altes Ehren, kein altes Schützen.

Nein ein klares reines wahres Schützen und Ehren, das aus der Reife des Weges ensteht.

Blicke nocheinmal weit und tief zurück und gehe an die Orte, die deine Wunden bergen. Suche diese Orte nocheinmal bewusst auf, um die letzten Etappen der Heilung bewusst geschehen zu lassen. Söhne dich aus mit deinem Frau sein. Auf das du dein Tochter sein neu und lebendig erfahren kannst. Du kannst hier und jetzt die lebendige großartige Tochter einer Mutter sein. Denn und das ist die Wahrheit: Du warst und bist immer die Tochter der Mutter. Der Mutter allen Lebens. *DU BIST DAS KIND DER MUTTER – DIE MUTTER UND DAS KIND in dir gehen nun in eine neue Verbindung.* Und wenn es dir gelingt nun die Mutter und das Kind ins Leben zu lassen – was nicht nur du, sondern viele viele andere Brüder und Schwestern gerade ebenso leben dürfen - wenn es dir und den anderen gelingt dies zu leben, wird sich *euer aller Leben ändern.* Und ihr werdet euch endlich wieder gehütet und geborgen fühlen.

DER FERNE VATER

erscheint in dieser Lesung als Mensch und gleichzeitig als Gott im Himmel. Als Figur, die durch Religionen oder durch Religionslosigkeit unglaublich viele verschiedene Gesichter, Moralvorstellungen und Ideale birgt bzw. predigt. Der menschliche Vater hier eine Figur, die sich in unzähligen Gestalten durchs Leben zieht und die immer noch über starke Autorität und Macht wirkt. Ein Vater, der so viele Rollenvorstellungen trägt und der nun ebenfalls auf dem Prüfstand steht.

Nicht weil es um besser oder schlechter geht ...
... nein ...
es geht grundsätzlich ums Leben. .

Und um das Weiterkommen, das Leben der gesamten Menschheit.

DER FERNE VATER wird nun näher und näher sein können. Der menschliche Vater, indem er sich öffnet für Heil und Heilung. Er öffnet sich für ein neues Dasein, indem Mann sein und Vater sein durch ein neues Bewusstsein reifen können.

DER FERNE VATER
Ein Gott der nur ein einziges Gesetz spricht: LIEBE.
Ein Gott, der mitteilt das es ein ER, einen HERR GOTT nicht gibt.
Ein Gott der mitteilt nicht personifiziert zu sein.

EIN Gott eben...

DIE MUTTER   DAS KIND   DER FERNE VATER

In diesen Worten erscheinen alte dichte Frequenzen und neue ganz lichte Frequenzen.
Das eine und das andere...wieder liegt es am Menschen was geschieht. Hier in dieser Lesung finden sich viele Türen und Durchgänge, die da sind, um durchschritten zu werden. Alle diese Türen und Durchgänge sind Öffnungen. Erst das Hindurchgehen macht erfahrbar, was erfahren werden kann. Somit wird wieder deutlich, das nur jeder einzelne Mensch es leben kann.

Du hast in dir unzählige Anlagen, die in deinem eigenen Gewahrsein erscheinen. Die zu dir sprechen, um sich dir zu öffnen. Hier und jetzt wirst du wieder ganz klar auf deine eigenen Erfahrungen hingewiesen.

In diesem deinem Leben, deinen eigenen Erfahrungen, deinem DEIN LEBEN LEBEN ist das Wissen, das du hierher bringst.
In dir ist ein Fliessen, das darauf wartet von dir empfangen zu werden. Dieses Fliessen kommt in Gang, wenn du dir vertraust. Dir und dem, was in dir durch dich geschieht. Du hast alles in dir, was du aussen suchst.

DIE MUTTER UND DAS KIND
DER VATER NUN *endlich* MIT SICH
NEUE WEGE IN GOTT
NEUE WEGE GOTT

DIE SUCHE BEENDEN
BLEIBEN
UND ENDLICH DA SEIN
FÜR DICH UND DAS DEINE

IN DEN HÄFEN DER NEUEN ZEIT
DIE LAGUNE
MYSTISCHER KLANG

Die Geschehnisse werden weiterhin vieles offenbaren. Und es wird in allen Bereichen ein Fallen vieler Illusionen geben. Nichts und niemand bleibt davon unberührt, denn *das Leben selbst – der Urgrund – ist am Werk.* Und auch wenn viele meinen sie seien über dem Berg wird ihnen gezeigt, was sie über den Berg noch mitgenommen haben. Die läuternden Kräfte des Lebens können nicht beherrscht werden und sie bahnen sich nun weiterhin ihre Wege. Was vieles aufdeckt, ja sichtbar werden lässt.

IN DEN HÄFEN DER NEUEN ZEIT landen Schiffe aus alten Reichen und Schiffe aus neuen Reichen. Hier in diesen Ankerpunkten kann das eine und das andere sein. Auf diese Weise geschieht der Wandel in so vielen Fascetten und Schattierungen und je mehr Mensch sich darauf einlässt, umso interessanter gestaltet sich das was sich zeigen möchte. Viele Überheblichkeiten und Trennungen liegen noch nicht blank vor unseren inneren und äußeren Augen. Vor den Augen unserer Herzen, die sich nicht täuschen lassen. *Die Augen der Herzen sind die wahren Navigationsgeräte.* Nichts bleibt ihnen verborgen und sie lassen sich auch nicht von Licht und Dunkel blenden. *Die Augen der Herzen wissen um die EINE KRAFT.* Sie SCHAUEN das Dunkle aus freiem Willen, weil sie wissen, das das Dunkle sich endlich bewegen und erheben möchte. Sie schauen jedoch auch auf das Licht und sie lassen sich auch davon nicht blenden, ja täuschen. Wahres Licht...es spricht...

HERZAUGEN leuchten und finden überall hin. Sie gehen in tiefste Tiefen, in jede noch so kleine Ritze. Herzaugen sind magische Augen. Augen, die den Grund des Lebens BERÜHREN... DIE DAS EWIGE FLIESSEN WISSEN.
In den Häfen der neuen Zeit werden sich unterschiedlichste Menschen begegnen und es werden sich sehr sehr unterschiedliche Berührungen gestalten. Vollkommen neue Berührungen, ja auch vollkommen neue Kommunikationsweisen werden sich leben und in diesem Leben wird sich vieles

entwickeln, ja erschaffen was nicht aus Gewohntem besteht. Es ist wichtig sich nicht an Altem und Kontrolliertem zu orientieren. Es wird wichtig ohne Orientierung, unkontrolliert und offen zu sein. Herzen müssen nicht wissen wie was sein wird. *Herz und Herzleben IST und aus diesem IST heraus formt sich der gegenwärtige Moment.* In diesem gegenwärtigen Moment entstehen Berührungen der GEGENWART – neu einfach leicht frisch unverbraucht offen lebendig...das Neue kann sich erheben aus dem fliessenden Bewusstsein.

Siehst du sie schon die Häfen der neuen Zeit? Bist du bereit anzukommen und dennoch nicht zu wissen, wohin es geht?

Viele Schiffe steuern durch die Wellen. Viele werden die Häfen erreichen, andere nicht.
In so einem Hafen anzukommen bedeutet weiter über Grenzen hinaus zu wachsen. Über Grenzen, die das eigene Menschsein und die Grenzen der Menschheit sprengen. Jede Grenze wird vieles verdeutlichen und so wie nie zuvor wird sich das Leben bewegen...auf das das Dunkel und das Licht Heil verströme... Brüder und Schwestern im Geiste werden nun auch zu Brüdern und Schwestern im Leibe.

Geisterschiffe aus vergangenen Zeiten werden sich zeigen, um erlöst zu werden aus altem Gefangensein. Aus uraltem lang unterdrückten Schmerz werden sich Ufer gestalten, die Ankunft und Ankommen erlauben. Endlich können sich die Herzen wieder bewegen und ein neues Fühlen wird sie durchströmen. Oft erst erschütternd wie ein Erdbeben und manchmal ganz ganz leise. In ganz ganz kleinen sanften Wellen.
Lichtschiffe aus fernen Welten werden erscheinen und ankommen. Von den einen die sich erinnern lange ersehnt und erwartet. Von anderen gefürchtet. Sie werden da sein, sich niederlassen und ankern. Auf eine Weise, die die Menschen so nicht kennen. Unglaublich tiefe Berührungen und Begegnungen werden stattfinden auf vielfältige Weise. Und so wird es zu einem Austausch kommen. Zu Kommunikation die im Moment noch unglaublich scheint. Viele Energien sind bereits da, vieles kommt mit dem Licht, das einströmt.

Ja nun beginnt die Zeit der ÜBERSETZUNGEN.
Wissen und Wahrheit wird auf schöpferische Weise LEBENdig.
DAS LEBEN SPRICHT.

DAS WASSER UND DIE WOGEN DER LIEBE ÄNDERN ALLES.

Jenen, die nun in ihren Wellen und Wogen ihr Leben selbst in die Hand nehmen UND gleichzeitig übergeben, wird vieles bewusst werden. Vieles das sie nun neu und in neuen Zusammenhängen erfassen können. Und niemand wahrlich niemand ist ausgenommen. Auch nicht jene, die sich aufgrund irgendeines "Vorzuges" – auch spirituellen "Vorzuges" - besser wähnen. Alles was trennt, wird sich ans Licht bewegen, um vom Licht durchströmt zu werden.

IN DEN HÄFEN DER NEUEN ZEIT werden Menschen zusammenkommen, die lange darauf gewartet haben. Nun da sie alle wieder mehr und mehr wissen wer sie sind, werden sie einander so begegnen, das sich ihre wundervollen Potentiale entfalten können. Dem stehen nun alte Wertungen und Trennungen nicht mehr im Wege. *Das offene weite Herz* lässt das *Gewahrwerden von Liebe, Freude, Wohlwollen, ja Frieden zu...die wahre Natur kommt zum Vorschein und in diesem Licht geschieht Schaffung, SCHÖPFUNG.*
Aus Menschen werden Schöpfer. Dies bedeutet das sich Sichtbares und Unsichtbares eint. WAHRES Wissen und Weisheit manifestiert sich und schwingt in dem was sich manifestiert.

ALLES SO GESCHAFFENE SCHWINGT WAHR ... SCHWINGT EINS ... SCHWINGT WIR ...

Viele viele Leben sind vergangen und verklingen nun. Was auch damit verbunden sein kann, vorübergehend sehr aufgewühlt zu sein. Leere erstaunlich weite tiefe Leere oder Orientierunglosigkeit tauchen auf . Auch oft über längere Zeiträume. Jeder Mensch macht auch hier wieder seine eigenen Erfahrungen.
Wenn du ins Meer hineingehst kann es geschehen, das dich eine Welle nimmt und dann verlierst du den Boden unter den Füssen. Das Wasser nimmt den feinen Grund mit sich und auf einmal ist da nichts mehr. Dies ist ein kleines Bild, das Energien

beschreibt, die sich so bewegen. Obwohl du und natürlich auch andere wissen, das es so ist, kann es sein das kurz Panik oder Angst aufkommt. Was in dir geschieht geschieht auch in anderen und so kann es auch sein, das dich die Wellen des Kollektivs berühren und so kann es ein, das du auch diese Bewegungen verstärkt und vermehrt wahrrnimmst, ja auch fühlst.

Ja so gehst du weiter und weiter voran
und manchmal treibt es dich hinaus aufs Meer und es kann sein, das du kein Ufer mehr siehst. In all diesen Bewegungen gibt es viel zu lernen. Zu lernen diese Bewegungen durchfliessen zu lassen, um immer wieder gut geerdet zu sein, damit das Licht weiter und weiter eindringen kann. Es dringt in dein Denken, dein Fühlen, dein Wahrnehmen...und in dein körperliches Haus. Ja in deinen menschlichen Körper, der in einem unglaublichen Umwandlungsprozess ist und der von dir deine Liebe und Fürsorge braucht.

Eine LAGUNE
kam mit der Führung herein und wundervolles Wasser in tiefem Meer Blau lässt Licht durchscheinen auf einen Grund aus weich liegendem Sand. Meer und Sand, ja der Himmel und das Licht bilden eine Lagune, so wie sie schöner nicht sein könnte. Diese Lagune wird wie ein Geschenk hierhereingebracht und ja die Lesende nimmt auf, das diese Lagune tatsächlich ein Geschenk an dich ist. Wo sie sich befindet und was immer diese Lagune alles birgt, es ist dein. DEIN und wenn du dies annehmen kannst, werden dir Informationen zuteil, die für dich bestimmt sind.

In und aus dieser LAGUNE erhebt sich MYSTISCHER KLANG und es scheinen hier Wesen zu sein, die sich nur allzugern offenbaren, ja zeigen wollen. Es scheint eine besondere Welt zu sein, die dir zutiefst vertraut ist und wenn die Lesende fragt, ob dies irdisch ist, wird mitgeteilt, das es sich hier um eine Welt handelt, die du sehr gut "kennst". Eine Welt nicht von dieser Erde.

Mystischer Klang erhebt sich und er wird so stark und intensiv.
Raum nehmend und gebend
beginnt alles zu schwingen
und hier an dieser Stelle wirst du dir selbst überlassen.

Hier an dieser Stelle werden dir REISEN ANS HERZ GELEGT, die nur du unternehmen kannst und die wunderschöne Kapitel – vollkommen neue Kapitel - in deinem Lebensbuch aufschlagen. Eigentlich – SO DEIN KLANG – wäre es längst angemessen DIESEM DEINEN BEWUSSTSEINSRAUM in deinem Leben einen eigenen vollkommen neuen Platz zu geben.

DAS GELINGT JEDOCH NUR,
WENN DU DICH AUF DICH EINLÄSST
– AUF EINE NEUE WEISE -

Das alte Buch zu Ende schreiben und ein Neues beginnen – eine Brücke.

Aus der geistigen Welt und von der irdischen Welt kommen hier an diesem Punkt der Lesung viele Energien zusammen, die dir mitteilen – in Liebe und in KINDlichem Ernst – das es Zeit ist, DEINE EIGENEN RÄUME ZU ÖFFNEN.
Auch wenn es Gründe dafür gab, das du die Türen geschlossen hast, so sind diese heute nicht mehr gültig. Diese Gründe vernebeln....

TRITT EIN IN DIE HEILUNG DEINER ANGST VOR DIR SELBST und unendliche Erlösungsenergien werden in dich und von dir fliessen.

Verstecke dich nicht mehr im Schosse anderer, im Schosse der Gemeinschaft. Trete hervor und trete für dich ein.

So wirst du zum Schoss für eine neue Welt.
Du hast dich befreit
und bist nun frei
für eine freie Welt.
Du hast RAUM geschaffen
SCHÖPFUNGSRAUM
für dich
und erst dadurch "WIRD" er
für ALLE

Oft ist ein Mensch durch Worte erzürnt, obwohl sie nur dienen. Manchmal braucht es die Kraft des so heissen Zornes, damit uralte Schuppen von den Augen fallen. Damit die eigenen Augen wieder *eigene* Augen sind und damit die *eigene* Seele wieder SEHEN kann.

Uralte lange zurückgehaltene Energien kommen ins Fliessen. Alte Verstrickungen ENTFESSELN – endlich ist es soweit. FESSELN ERKENNEN, BENENNEN UND ANNEHMEN.

SICH SELBST WIEDER FREI WAHRNEHMEN
EIN GESCHENK,
DAS AUS WUNDERN BESTEHT
UND
WUNDER WIRKT.

DER ALTE TURM
ENTWEDER ODER
HEIMGANG

Hin und her schwingen die Energien und obwohl die Führung führt, schwemmt es immer wieder Wellen aus Widerstand herein. Wellen, die große Kraft haben und die Zerrbilder erschaffen wollen. Wellen, die von einem unruhigen gequältem Geist kommen, der einfach nicht zur Ruhe kommen kann. In dieser Lesung finden die Energien - das gelesen werden kann und Energien, die gegen die Lesung arbeiten - zusammen. Obwohl sich das zwischendurch ablehnend, abstoßend und in Widerständen äussert, gelingt es alles da sein zu lassen, auf das sich das höchste Wohl verströme. Nichts kann die Kraft des Lichtes und des Dunklen wegschieben...

Und nun dringt dieses Weinen wieder an das Ohr der Lesenden. Ein Weinen, das solange weint und das so lange ungesehen und unbemerkt ein abgetrenntes Leben führt.

Dieses Weinen
gehört zu dir.
Es gehört zu deinem Herzen.
Es gehört zu deinem Leben.

Dieses Weinen möchte endlich wieder in dein Leben kommen dürfen. Endlich wieder gefühlt, ja mit deinem Leben verwebt gelebt werden. Weinen wird mit Schmerz verbunden. Mit Leid und Trauer und ja all das ist in diesem Weinen.

Und doch...gleichzeitig birgt es soviele Wunder.
Soviel Heil, ja Balsam für die Wunden.

Für die Wunden aus fernen Tagen, die in dir eine Art Rückzug erschaffen haben, die du eben weil es solange schon so geht, gar nicht mehr in deinem Bewusstsein hast. Das Weinen, das abgetrennt von dir ist, verströmt dennoch seither vieles, was darin eingeschlossen ist. Einzig du kannst nun endlich darauf eingehen. Schau wenn es dir gelingt dein Ego an dieser Stelle zu lassen und dein Über dich und andere hinweggehen - ein altes sehr kaltes Muster – dann können alle diese Energien in Fluß kommen und du kannst soviel loslassen.

Ja!

Und ja dann hast du soviel Platz für dein wahres Wesen. Deine Seele sie dehnt sich gerade so aus und sie wird so groß...und mit dieser Größe symbolisiert sie dein Licht, deine Kraft und deine Herrlichkeit.

Du Kind der ersten Stunde, du Seelenlicht des EINEN GEISTES!
Nun nun darfst du ganz hier sein und dich ausdehnen und ausstrecken.

Es braucht nun deinen ganzen Mut, deinen ganzen "Willen". Deine Herzkraft, die dich führen will. Deine Herzkraft sehnt sich nach dem wahren Wesen von Liebe. ALLE ALTEN SCHLEIER, ja Illusionen dürfen gehen. Alle alten Muster, die dir glauben machen, wie du dich verstellen musst, um dazu gehören zu dürfen. VERSTELLUNGEN, FREQUENZVERSTELLUNGEN. Stelle dir ein Radio vor, das Empfangen und Senden kann. Ist es verstellt, gibt es keinen klaren Empfang, kein klares Senden.

In vielen Zeiten warst du ein Empfänger und Sender. Viele Male hast du dies gelebt in unterscheidlichen Schwingungsfeldern.

DER ALTE TURM
erinnert daran. Der alte Turm erinnert dich an eine Art Rückzug, die nur du kennst und die nur du erlösen kannst. Du hast dich sozusagen in diesen alten Turm zurückgezogen, damit du selbst und niemand anderer mehr an deinen Empfang und an dein Senden herankommt. Du wolltest diese deine Gaben vor dir selbst und vor anderen schützen. *Spürst du die Tränen, die dir den Weg weisen wollen?*
Nun suchst du hier in anderen diesen deinen Zugang. Du suchst in anderen nach dir und deinem Fähig sein. Was du jedoch nicht

wirklich als DEINE SUCHE NACH DIR wahrnimmst.

Geliebte!
Immer noch ist soviel Angst in dir vor dem Empfangen und Senden des Lichtes. Hier in dieser Lesung werden die Worte ganz bewusst so gewählt, damit dir gewahr wird, das das Empfangen und Senden von Licht einfach NATUR, ja natürlich ist. Ein Mensch, der sich auf den Weg gemacht hat, um sich selbst zu erkennen, durchläuft viele - alle Phasen der Reinigung und Läuterung.

> Einfach um wieder ein klarer Empfänger und Sender von Licht zu sein.
> Um wieder ein Wesen aus Licht und Liebe zu sein.
> DIES IST DIE WAHRHEIT EINES MENSCHEN
> und alle tragen diese Wahrheit.

DER ALTE TURM braucht nicht mehr als Versteck und Rückzug zu fungieren. Du kannst ihn freigeben, ja verlassen und die Anteile, die du darin festhieltest können nun zu dir zurück kehren, um sich wieder mit dir zu einen. Anteile, deren Kraft und Segen gewaltig ist. *Einzig dein Ur teil und deine Be wert ung entscheiden und einzig das überschreiten von uralten Grenzen in dir, gibt dem ganzen Geschehen Energie und Herz. Ja Annahme.*

HERZ
HERZ
HERZ

ENTWEDER ODER
stirbt nun an dieser Stelle und auch wenn du Angst davor hast, lass es geschehen. Entweder oder trennt dich schon so lange von dir und dir. Von diesem und jenem. Vom Leben in all seinen vielen Fascetten.

Entweder oder raubt dir Licht und Liebe.

Raubt dir Macht und Herzensgut.
Raubt dir dein natürliches Gefühl.

Ja und nun...
nun da das Licht dich hebt und senkt mit jedem Atemzug
werden dir deine Trennungen durch "entweder oder" bewusst.

Deine Seele strebt danach, diese uralten Trennungen zu erlösen. Erst durch ein weiteres Bewusstwerden dieser Trennungen kannst du weiter in Verbindung kommen mit dir und deinem Leben.

Je mehr du wieder in Verbindung kommst mit dir,
je mehr du die Schatten der Vergangenheit
durchschaust, durchdringst und annimmst,
umso mehr kannst du in Verbindung mit der Quelle allen Lebens sein.
Dies nährt dich.
Dies öffnet dich für das Geschenk der Selbstliebe,
der Selbstannahme.

So wirst du NEU ERFRISCHT KLAR REIN JA KINDLICH....als EMPFANGENDE UND SENDENDE mit anderen Menschen und mit allem Leben verbunden sein...
Hier an dieser Stelle erschallt wunderbarer Klang. Es erheben sich die Stimmen eines opulenten Orchesters. Wunderbarer und größer als je zuvor.

Ein Klang aus Klängen der hier erscheint!

Jeder Teil dieses Orchesters ist in dir, in ihm, in ihr, in allen.

Und erst JETZT kann diese
MUSIK DES EINEN
von innen nach außen
geboren werden.

Erst jetzt, weil die Felder wirklich und wahrhaftig begreifen und
FÜHLEN...FÜHLEN was Reinigung ist.
Reinigung ist das Erlösen aller Illusionen, die den Kern
verschleiern.
Die wahre Verbindung zum höheren Selbst IST und Erdung
geschieht
LICHTSÄULE SEIN
Geliebtes Kind! Geliebt von Vater und Mutter!

Engel und viele andere Lichtwesen tanzen nun im Klang dieses Orchesters. Sie strahlen und freuen sich von Herzen mit dir. Sie wissen wer du bist und sie sind es, die dir nichts mehr wünschen als DEINE HEIMKEHR.

HEIMGANG

Die letzte Führung für diesen Lesungszeitpunkt. Soviel Besonnen sein ruht in diesem WORTFÜHLEN. Soviel neuer Klang und stille Freude. Du wirst gesehen auf einem Weg. Du stehst da und um dich dein Hab und Gut. Du stehst da und schaust auf das Haus, das du nun schon gut erkennen kannst. Du weisst, das dieses Haus schon sehr lange auf dich wartet. Dennoch liegt es an dir, ob du woanders hingehst. Ob du noch warten willst. Du weisst, das diese Worte ein BILD schaffen. Es ist dir möglich dieses Bild zu öffnen. Dieses Bild zu erfahren. Du bist es, die dieses Bild lesen kann. Du entscheidest, was geschieht. Und so lässt dich die Lesende, die sichtbare und die unsichtbare Welt mit dieser Führung da sein, wo du bist.

ES GESCHEHE
ES GESCHIEHT
ES IST GESCHEHEN

"... Kreisel drehen sich um sich..."

Inmitten das Kind, das sich vergnügt. Es ist den Erwachsenen eine Freude, die Freude des Kindes zu sehen. Und ihre Liebe ist es, die den Kreisel für das Kind immer wieder zum Drehen

bringt. Auch wenn sie diese Welt des Kindes nicht mehr ganz betreten können, so wird sie ihnen im FÜHLEN geöffnet.
IM FÜHLEN DES GEGENWÄRTIGEN MOMENTES.
IM VERBUNDENSEIN.

Kreisel drehen sich um sich...
Du bist diejenige, die die Kreisel für das Kind in Bewegung bringt.
Du bist das Kind, das sich so darüber freut.
DU BIST DAS KIND, DAS SIEHT HÖRT UND FÜHLT – RAUM IST.

BEWUSSTSEIN.

MÖGE ALLES EINS SEIN

ERNTEN

Stürme sie brausen hinweg
in ihrem Kommen und Gehen
das Alte und das Neue sich ergibt
das eine und das andere verwebt
EIN GEWEBE

Licht fällt auf alt auf neu
fällt auf reich auf arm
auf dich auf mich auf sie
auf uns

In jedem wächst die Saat
und jeder wird ernten
dein Feld mein Feld ihr Feld
unser Feld
EIN FELD

In der Saat die Ernte sein
sich selbst nicht mehr entzweien
ALLES EINS ZU JEDER ZEIT

URMIA

GRAUGANS GRÜNES MOOS

EINGESPERRT
DER AUFBRUCH
DAS TAUEN DES EISES

Flügelschlag stark klar rein...so voller Kraft und innerem Wissen! Weite Reisen von einer Landschaft in andere Landschaften... Landschaften entdecken, wo sie bleiben kann... gemeinsam fliegen... Die wunderschöne Graugans zeigt sich als erstes in deiner Lesung als Geschöpf, ja wundersame Erscheinung in ihrem Flug. Sie hinterlässt Berührung tief drin und Staunen.
Grünes Moos... ein Grün unvergleichlich... aufnehmend annehmend mystisch und so wunderwunderschön die Farbe... ein Blick tief hinein in was...du wirst es herausfinden, da dieses Bild und die Graugans zu dir kommen wollen.

So beginnt deine Lesung und wieder einmal ist erkennbar wie individuell und einzigartig doch ein jeder Mensch, eine jede Seele ist. Noch nie vorher wurde das Wort so aufgenommen!

>Geliebtes Wesen des einen Geistes, der einen Saat
>wach auf in allem was du bist!
>In all deinen Träumen,
>in all deinem Streben, in all deinem Suchen...
>wach auf!

Du rufst dich selbst und nun kommt die Zeit, da du dich selbst hören kannst und willst.
Lange Wegstrecken in früheren Leben und in diesem Leben hast du damit zugebracht, *dich selbst nicht mehr zu hören. Dich selbst zu überhören.* Es ist vieles geschehen, was dein Vertrauen in dich selbst demontiert hat. Du selbst hast dich unterdrückt aus unzähligen Ängsten heraus und auch heute noch Flammen diese alten Ängste auf. Sie durchziehen deine Gedanken, deine

Gefühle, dein Dasein und doch lässt du sie nicht wirklich ganz auftauchen aus den Tiefen. Du hast sie weit und tief hinein verdrängt in deine inneren Felder, die nun nicht mehr bereit sind sie zu tragen. Deine inneren Felder haben begonnen zu rebellieren. Du wirst von dir selbst aufgefordert, dich dem zuzuwenden, was deine Zuwendung* braucht. Hier bittet dich deine Seele um ein Lächeln... Versteh! Das Lächeln möchte dir sagen, das dies ein Grund zur Freude ist.

Nun ist die Zeit da, in der du dich selbst erlöst und befreist von einem

EINGESPERRT

sein, das alt und verbraucht auf dich einwirkt. Alles in dir ist bereit für Er Lösung und nur du kannst dies jetzt geschehen lassen. Und annehmen. Tiefe Wunden deiner weiblichen und männlichen Energien sehnen sich sosehr nach dir. Nach deiner Liebe, deinem Anwesend sein, deiner Nähe. Deiner eigenen Fürsorge, die da ist in großem Maße und die doch noch zögerlich auf deine Zustimmung wartet. All das hofft im wahrsten Sinne des Wortes auf deine Zustimmung. Auf dein Ja. Auf dein "Bei dir sein".
Sachte sanft und ja auch vollkommen ungewohnt die neuen Töne, die sich in deinem Leben ausbreiten. Die Töne deines wahren Wesens, das dich liebt. So sehr liebt. Deine Seele ist bereit dir alles zu geben, was sie für dich bereit hält, ja was zu dir kommen will.

Bist du als Mensch bereit für dich?
Dieses uralte *eingesperrt* umgibt dich wie ein leerer Raum, indem du bist. In diesem Raum scheinst du keinen wirklichen Halt zu haben. Es fühlt sich an als wärst du fern von allem und den anderen Menschen, vom Leben. Diese Leere ist keine Leere, die dich weiterbringt und fördert. Diese Leere fühlt sich mitgenommen, übernommen, weitergetragen und weitergelebt an. Diese Leere hält alten tiefen Schmerz gefangen. Altes überholtes Denken und Fühlen. Altes schmerzhaftes Verhalten. Sie hält Trennungen fest, die der Verstand geschickt ins Rennen bringt, damit DU DICH SELBST nicht hörst. Dieses Leere

beinhaltet uraltes Gewusel und Geschnatter, uralte Hektik, Drang und Druck dieses und jenes tun zu müssen... Es fühlt sich so an als würdest du an einer Leine hängen, die jede deiner Bewegungen kontrolliert. Hier taucht immense Anstrengung auf. Es kostet dich enorme Kraft in diesen Energien zu sein.

Dunkle Räume in dunklen Räumen tauchen auf. Hier gibt es nichts mehr als eingesperrt sein. Deine Seele bittet dich die Bilder und deine Empfindungen aufsteigen zu lassen. Allein das die Lesung dies frei gibt, leitet den Wandel und die Transformation dieser Energien ein. Hier geht es auch nicht darum, zu versinken in neuerlichen Geschichten, die zu heilen sind. Hier geht es schlicht und einfach darum eingesperrt da sein zu lassen. Überlasse dich den Wahrnehmungen, dem Erkenntnisprozess, der eingeleitet ist und folge seiner Führung. Dein Innerstes wird dir "zeigen", was du SEHEN sollst.
Eingesperrt sein und seine Leere wirkt AUSSEN UND INNEN. Werde still und erlaube dir in der Stille zu sehen, zu hören, zu fühlen...

LERNE IM JETZT DA ZU SEIN
UM JETZT DIE INFORMATIONEN DES JETZT
ZU EMPFANGEN
TRITT EIN IN EINEN NEUEN ERKENNTNISPROZESS

DER AUFBRUCH

ist ein von dir schon lange erwarteter Augenblick. Ein schon lange ersehnter ja willkommen geheißener Moment. Du bist in vielen Leben immer wieder aufgebrochen, um dein Leben von altem Mühsal und Schwere zu befreien. Im seelisch geistigen sowie im körperlichen Bereich. Du hast dich engagiert, dich eingesetzt, dich oft auch aufgeopfert um Veränderung und Wandel einzuleiten. Deine auch für die Gemeinschaft tragenden Kräfte sind übersehen, entwürdigt und verhöhnt worden. Das hat Spuren hinterlassen, die sich jetzt offenbaren wollen, um ein für alle Mal gesegnet und geheilt zu werden. Diese Spuren werden dir jetzt von dir selbst überreicht als kostbares Gut, das dir sovieles über dich selbst erzählen will. Alles was dir an Schmach und Demütigung wiederfahren ist – alles was du dir selbst an Schmach und Demütigung angetan hast...an Entwertung, Entwürdigung, an Härte und Schmälerung deiner

Kraft und deines Wissens...möchte nun von dir gesehen, gewürdigt, ja angenommen werden. VON DIR wird nun DEIN JA gebraucht, um weiter gehen zu können.

Versteh du bist hier in diesem Leben und dennoch kommen die früheren Leben herein und hinzu, um jetzt IN EINEM angenommen – ERKENNE DICH SELBST – zu werden. Alles darf da sein...da sein, damit du sehen und erkennen kannst. Was du SIEHST - was dir bewusst - wandelt sich von selbst...So lasse dich von den Spuren berühren. Lasse die Spuren sprechen und höre ihnen gut zu. Hab den Mut, deinen Verletzungen zu begegnen auf eine neue ganz neue Weise. Diese neue Weise, ja Art mit dir selbst umzugehen beinhaltet das Wissen, das dir nun soviel bewusst werden darf über die Zusammenhänge. Über die tiefere Weisheit, die allem zu Grunde liegt.

Du kannst dein Schöpfer und Mitschöpfer sein EINSEHEN.
Das wird dich immer wieder neu berühren in tieferen Schichten deines Lebens.

Was dir möglich macht die Schönheit, die Kraft,
das Geschenk deines Lebens an dich
auf eine Weise zu erfahren,
die dich tief mit deinem Herz und deinem Mitgefühl in Kontakt
bringt.

DEIN AUFBRUCH hier und jetzt, in vielen Augenblicken im Jetzt wird dich lehren dein Mitgefühl und deine Herzenqualitäten zuzulassen, um endlich von dir selbst Milde und Güte empfangen zu können.
In den Tiefen ZU SEHEN setzt enorme Potentiale frei. Dich selbst nicht mehr zu richten durch deinen inneren Richter taucht hier auf...dich nicht mehr zu quälen, indem du dich selbst wie eine Gefangene behandelst...in die Tiefen vorzudringen, das im Dunklen liegende aufzusuchen, kann zu einer freien Tat werden.
Die WESENTLICHE ERKENNTNIS ruht darin, zu wissen, ja wirklich wahr zu wissen, das diese Möglichkeit der Entwicklung, des Wandels DAS GRÖSSTE GESCHENK DEINES LEBENS an dich selbst ist.
Du darfst dies tun. Hast dir in diesem Leben all das möglich gemacht.

FÜHLE TIEF HINEIN IN DIESE FREQUENZEN,
die hier für dich erscheinen...
DAS LICHT ES SPRICHT
DAS TAUEN DES EISES
ist eine Führung, die dich über Bilder erreichen will. Deine Lebenslandschaften "gleichen" den Lebenslandschaften der Erde. Wenn du in der Natur durch die Natur auf dein Leben schaust, wird dir vieles bewusst. Jede/r der dies will, kann sich hier auf ureigenste Weise entdecken und wieder verbinden mit der eigenen ureigensten Sprache, ja Kommunikation.
Was berührt das TAUEN DES EISES in dir? Wo führt es dich hin? Wo fühlst du das in deinen seelisch geistig körperlichen Räumen? Wo darf es geschehen? Was hat das Eis bedeckt und warum ist es entstanden...

In dieser Führung ruhen für dich Potentiale, die dir äußerst hilfreich sein können in deiner eigenen Entwicklung und in der Entwicklung deiner ureigensten "Arbeit".

Deine Arbeit, die du hier leben willst, *besteht nicht* aus übernommenem Wissen anderer, die das Ihre tun. Deine Arbeit, "dein Leben fliessen lassen", ist einzigartig, vollkommen individuell. Oft deckt erlerntes Wissen das zu, was DA IST und nur darauf wartet, entdeckt, angenommen und gelebt zu werden. Was willst du wirklich? Diese Frage wird hier gestellt. Eine der wichtigsten Fragen, die JETZT wahrhaftig von dir an dich selbst gestellt werden darf. Dein Innerstes, dein Lebenswasser sehnt sich nach dieser Frage von dir an dich selbst. Dieses SEHNEN ist vollkommen rein pur und so liebevoll.

Was willst du wirklich?

Lass das Eis schmelzen in deinen verschiedenen Lebensräumen. Das Wasser wird alles durchdringen, reinigen und nähren. Da sein, wo es gebraucht wird und abfliessen, wo es zuviel ist.
Was willst du wirklich?

WASSER
EIS
WASSER

DIE KÖNIGIN
DAS ERBE
DAS EIGENE REICH

Geliebte!
Vielfältig erscheint das Licht in deinem Leben. In deinen irdischen Räumen und ja es ist Zeit. Du bist nun bereit dich selbst zu befreien von altem Mühsal und alter Last. Denn dein innerster Kern regt sich und bewegt sich im Licht der Sonne, das zu ihm hindurch in deine innerste Welt leuchtet. Die Sonne und ihr Licht berühren dich in deinem HERZ KERN und lassen ihn lebendig werden. Denk nicht mechanisch darüber nach, was das jetzt heißen kann. Fühle einfach die Sonne...auch wenn sie nicht scheint. Sie ist immerwährend präsent und sie erreicht dich, ja alle Menschen mehr denn je.

DIE KÖNIGIN

Kommt im zweiten Teil deiner Lesung herein und mit ihr erscheint zum einen ein altes vergrämtes Bild und zum anderen ein leuchtendes frisches sehr kraftvolles Bild. Die vergrämte Königin lebt in ihrem Reich und ist frustriert, entnervt und ungehalten... Opfer verschiedenster Umstände. Sie hat alle ihre Lebensfarben eingebüsst, weil sie sich selbst die Lebens Nahrung entzieht. Sie ist zwar Königin und hat ein Reich...doch all das ist ihr Last und...

FÜHLE
FÜHLE
FÜHLE

Hier findest du sehr alte Verhaltensweisen weiblicher Unterdrückung, weiblicher Verdrängung...sich selbst und dem Leben gegenüber. Hier finden sich alte männliche Energien des Beherrschens, des Bemächtigens...alte Überheblichkeit, die sämtliche neuen Regungen unterdrückt und sozusagen festhält an Gehorsam, Verweigerung, Zucht und Ordnung...alte männliche und weibliche Energien, die der Königin nicht gestatten sich selbst zu fühlen mit ihrem Herzen. IHREN MENSCHLICH IRDISCHEN QUALITÄTEN. *Hier findest du eine Königin, die sozusagen über dem Mensch sein, den Menschen steht.*

Das andere Bild gibt den Blick frei auf eine Königin, eine Frau. Eine Frau, die sich selbst kennt. Die sich selbst ERKANNT HAT im Sinne von Erkenne dich selbst...Hier finden wir eine Frau, die das Leben erforscht, erkundet. Die sich einlässt auf ALLE THEMEN des Lebens und die daraus schöpft. Die gelernt hat die NAHRUNG DES LEBENS anzunehmen. Ja aufzuschlüsseln in alle Teile, um sie ganz und gar annehmen zu können. Jeder Bestandteil hat seine Berechtigung. Lehrt und unterrichtet. Lässt Wissen wach werden. Lässt diese Wissen lebendig sein. All dies lässt die Königin und Frau sehr präsent sein. Lässt sie ihre weiblichen Gaben leben und gleichsam die männlichen Gaben. Sie die Königin liebt sich selbst und ihr Reich. Sie erhebt sich nicht. Sie unterdrückt nicht. SIE IST und gestaltet als Schöpferin und Mitschöpferin im Sinne des höchsten Wohles. *Das Leben und seine Erscheinungen liegen ihr gut in der Hand – HERZENS GUT genannt.* Nur sie selbst weiß was dies heißt...nun Frau folge deinen Führungen, die sich in dir gestalten.

DAS ERBE

Das Erbe führt uns nun in Bereiche, die sich öffnen werden und hier bringt die Lesende die Energie des LOSLASSENS ein. Hier geht es darum ungeheuer sensitiv und offen zu bleiben, um den Kern der Führung LEBEN, JA ATMEN ZU LASSEN. Ganz bewusst wird Achtsamkeit, Wahrnehmung und Bereitschaft gewählt. Ja Ruhe und Stille. Das was hier erscheinen will, braucht einen klaren offenen Raum. Hier geht es nicht einfach darum, alles einfach fließen zu lassen. Hier und jetzt kommt die Energie des Kanalisierens und des Fokussierens herein. Das Erbe möchte erscheinen in seiner Echtheit und seiner wahren Kraft. Deine wahre Familie kommt herein. Deine Zugehörigkeit, deine Wesenheit im feinstofflichen Sinne. Deine Anbindung, ja Verbindung zu deiner FAMILIE.
Es ist sehr still jetzt, denn dies ist ein Moment, indem sich EINE BERÜHRUNG VOLLZIEHEN KANN, die dir und deiner Familie nun

möglich ist.
Versteh du lebst dein Leben in deiner irdischen Realität und gleichzeitig lebst du viel weiter, ausgedehnter,...du weißt das du hier selbst weiter gehen kannst, wenn du das willst. Auch wenn sich hier auf der Erde für die meisten Menschen das Ausgesprochene noch "ver   rückt" anhört, so kennst du den Gehalt der Wahrheit.

Das Erbe steht hier in deiner Lesung für die Öffnung,
die Erinnerung und für die freie Wahl,
diese Energien zu kanalisieren und zu fokussieren.

Ein Teil von dir atmet auf. Er atmet auf, weil er dies endlich tun darf. Weil er sich endlich erlauben darf, sich dafür zu öffnen. Für das Erbe der Familie, der Herkunft.
Das Licht das sich hier ergießt ist wunderschön und voller Glück und Freude. Endlich ist es soweit, das dein wahres Wesen aufscheinen kann, weil es geSEHEN wird. Weil es IN BERÜHRUNG kommt mit den Energiefeldern, den Lichtfeldern der eigenen Herkunft. Endlich kann die alte Fremde hier auf Erden eingesehen werden und somit verliert sie die Macht über dich. Du bist auf der Erde und nun nun endlich kannst du dir – wenn du das willst – ganz erlauben ein spirituelles Wesen zu sein. Diese Entscheidung zu treffen und aus dieser Entscheidung heraus zu leben verändert alles.

Du wirst hier gebeten einfach da zu sein –
fühle fühle fühle
und du wirst wissen....

Sonnenschein fällt auf irdische und feinstoffliche Felder. Die Saat wird berührt in den irdischen und feinstofflichen Feldern. Deine Saat. Die Saat deines Erbes. Die Saat, die der Christus hinterlassen hat für all jene, die ihm folgen. Er unser Bruder ist vorausgegangen, damit wir ihm folgen können in unserer ureigensten vollkommen einmaligenWeise.
Landschaften – Lichtfelder deines Lebens stehen dir offen. Sie sind bereit für dich und deinen Umgang mit deiner Saat. Hier kommts du in Gefilde, die dir dein eigenes Schöpfer und

Mitschöpfer sein auf eine vollkommen neue Weise anvertrauen. FELDER die dich ermutigen, stärken, erinnern und aufbauen. Hier wirst du – wenn du das willst – wieder verbunden mit deinen wahren Kräften, die dir in wundervollem Masse zur Verfügung stehen. WIEDERVERBUNDEN, WENN DU DAS WILLST. Versteh mit deinem Herzen, das nur du dich in deinem wahren Umfang erkennen kannst und das auch nur du dies annehmen kannst.

DAS EIGENE REICH

Es ist dein! Immer. So und nun...nun wirst du von deiner eigenen Seele aufgefordert, dich WILLEntlich von all den alten Überzeugungen und Erfahrungen deines bisherigen Lebens zu lösen, zu befreien. Dein Leben will REIN SEIN von all dem Alten. Damit endlich dein EIGENES REICH Platz hat. Solange du das Alte in dir bewegst, solange dein Leben vollgestopft ist mit dem Alten kann dein eigenes Reich nicht auferstehen. DEIN EIGENES REICH IST IN DIR UND JA ES WIRD WACH...es wird wach voller Liebe, Freude und einer wundervollen Kraft...du und das deine es möchte leben, atmen,...endlIch da sein dürfen. DU WIRST WACH! Hör auf das Flüstern deiner Seele, deines Herzens...leise leise leise...werde still, damit du diese Stimmen hörst. Ja und jetzt sind die Engel da...soviele in ihrem Lichte, ihrer so unschuldigen kindlichen Art. Sie schauen auf dich voller Staunen! Ja und sie sind neugierig. Neugierig auf das was und wer DU BIST...dies, so wird dir hier mitgeteilt, geschieht zum Wohle aller...
Liebe das alte Leben ist vorbei. Wenn du das willst...Hörst du die Engel – ein ganze Schar liebevolle Wesen...tauche ein in deine kindliche unschuldige Kraft und Quelle....HERZENS GUT

DIE LIEBE
HEIMKEHR
DIE ANKUNFT

Deine Lesung berührt Lebensthemen in der Tiefe... Lebensthemen, die du vor diesem Leben schon bewegt hast und die deine Seele auch über dieses Leben hinaus bewegt. Die Seele...
Manchmal wird es so sein, das du frühere Leben berührst. Das kann jetzt in der neuen Energie sehr einfach gestaltet sein und es geschieht auch oft sehr spontan. Viel alter Zinober um...fällt nun weg und du wendest dich dir selbst und deinem Leben viel klarer als je zuvor zu. Das wird dich erst überraschen, weil du es nicht gewöhnt bist. Doch wisse: Deine Seele bittet dich, hier wirklich achtsam zu sein. Achtsam im Sinne das du dich selbst nicht wieder in längst überholten und vergangenen Sichtweisen, Gesehenem usw. bewegst. DAS JETZT ist wichtig. Das Jetzt... präsent sein. Um das was erscheinen will, GESEHEN werden will, in der Hier und Jetzt Präsenz zu erfahren.

Du wirst von deiner Seele aufgefordert DICH NEU AUF DICH UND DEIN LEBEN EINZULASSEN. Mit neu ist gemeint, das du immer wieder ganz bewusst JETZT DA BIST und aus diesem Jetzt heraus dein Leben wahrnimmst und ja erschaffst. Alte Gedanken und Gefühle, alte Einsichten und Ansichten...alte Strukturen, ihre Inhalte, ihre Wertungen, ihre Bewertungen, Hierarchie und Hierarchiegehabe...wie was geht und was nicht geht...all dies

gilt es nun in deinem Leben noch tiefer als das zu erkennen was es ist. Grenzen, Begrenzungen...Begrenztheit...usw. Und wisse: ES MUSS NICHT SO SEIN.
Wach werden und sein heißt hinter all diese Maskierungen des Lebens zu schauen. Die wahre Natur des Lebens, den natürlichen Fluss des Lebens befreien! Dies alles wieder zuzulassen...das ist die Aufgabe eines jeden Menschen. Das eigene Leben als ureigenste individuelle heilige Reise begreifen...diese Reise einmalig - im Sinne von du bist einmalig, einzigartig - zu leben...
Um für dich selbst DEIN WESENTLICHES ZU BEFREIEN.
Liebe was ist für dich wesentlich....

DIE LIEBE!

Sie ruft dich ganz leise immer wieder. Und jetzt ist es soweit. Du kannst auf sie hören, wenn du willst. Die Liebe in dir! Sie ist da und ja sie möchte sich dir geben. Sich dir offenbaren. Sich dir anvertrauen. Bist du bereit ENDLICH deine eigene Liebe anzunehmen? Oh hier ist soviel Licht. So eine feine wundervolle Schwingung. So ein weites Reich an Wissen und Weisheit, an feinfühlendem Sein.

DU WARTEST AUF DEINE

HEIMKEHR.

Die Heimkehr in deine innersten Räume. Deine innersten Berührungen und Führungen. Hier taucht wieder der Christus auf, der dich an der Hand nimmt. Der da ist. Dieses von ihm an der Hand genommen werden ist eine SEELENSPRACHE, die dir vermitteln soll, das du deine feinstofflichen Antennen, ja Wahrnehmungen und dein Irdisches Leben verbinden und ja wahrlich annehmen kannst. Du hast deine Heimkehr lange vorbereitet. Du hast viel dafür gegeben und vieles dafür eingesetzt.
Deine heilige Reise hat dich hierhergeführt.

Nun da du dies erkennst, ja in dir wahrlich begreifst, kannst du überhaupt erst mal ankommen an diesem Ort, ja in diesen "Bewusstseinsräumen" deiner Reise. DEINE REISE, deine ureigenste heilige Reise ist eine Führung, die dich ganz ganz intensiv mit Orten, Erfahrungen und ja auch einigen Menschen verbindet. Dies geschieht im feinstofflichen Bereich. Hier wird deine Kraft der Bilder und deine Übersetzung angesprochen. Es warten sehr intensive Erfahrungen auf dich. Im stofflichen Bereich wirst du ebenfalls geführt sein, wobei dir eine gewisse Achtsamkeit Situationen und Menschen gegenüber ans Herz gelegt wird. Schau hier wirklich mit deinem Herz Blick!

DEINE HEIMKEHR IST.

DEIN HERZ hochsensibler hochfrequenter Raum voller Licht voller Segen!
Wunderschön und in Farben, ja kristalliner Herrlichkeit ist er bereit für

DEINE ANKUNFT.

Dein Weg lenkt dich nun nach Innen. Weiter und weiter nach Innen. Das Außen darf seine Macht und Brisanz verlieren. Ja seine Dominanz. Die alte "Geschäftigkeit" tut dir nicht mehr gut. Dein Herz es empfängt dich in der Stille. Es fordert dich auf zur Ruhe zu kommen. Immer wieder bewusst in die Ruhe zu gehen. Es möchte dich in der Stille spüren. Es möchte das du einfach DA BIST, da bleibst und nicht wegläufst. Du hast noch Angst vor deinem Herz. Vor den Berührungen. Dem was es dir sagen könnte. Denn du weißt schon lange, das dein Herz zu dir sprechen möchte. Hier wird ein sehr tiefer BEREICH angesprochen, indem sehr sensible Verletzlichkeit wohnt. Jetzt deinem Herzen begegnen macht dir deshalb zu schaffen, weil du es nicht gewohnt bist, so in Konatkt zu sein. Und weil du hier auch auf dein Sehnen, deine Sehnsucht und deine Wünsche triffst.

Doch hier und jetzt auf deiner Reise wisse:
SEHNEN
ist ein machtvolles Werkzeug, eine machtvolle Instanz, wenn es in seiner offenbarenden Art verstanden wird. Sehnen ist Führung Geleit Begleitung Licht Dunkel EINS

... wundervolle öffnende Wirkweisen reinigen, transformieren, ja transzendieren.
DU DARFST SEHNEN UND DU DARFST WÜNSCHEN.

Du weißt, das hier das Neue gemeint ist. Und du weißt und kennst auch die Energien, ja Frequenzen in denen dies zu deinem höchsten Wohl geschieht.

ALL DIES BRINGT DICH ZU DIR.
ZU DIR.
SAG BIST DU BEREIT FÜR DICH?
SAG IST DAS NICHT AUFREGEND UND SCHÖN
DICH SELBST NOCH VIEL MEHR ZU ERFAHREN –
JA KENNENZULERNEN

DEIN HERZ HEISST DICH WILLKOMMEN
JETZT UND IMMER.

DAS KIND, DAS MÄDCHEN, DIE JUNGE FRAU, DIE FRAU
DIE KÖNIGIN WACHT IN IHREM REICH AUF.
DAS KÖNIGREICH IST IN DIR.

Danke Himmel und Erde. Danke Leben. Danke Herz.

Die Tür geht auf
und hindurch sie schwebt
sie gibt auf das Alte
das ihr vertraute

LEER scheint es zu sein
das Leben

ihre wahren Augen werden wach
und öffnen sich

sie sieht durch ihre Seele
und hört ihr zu

das Leben nun
in wundervollen Farben leuchtet
endlich das Herz in Takt
des Himmels auf der Erde

SILVARA zweite Lesung

HEILUNG URALTEN SCHMERZES
DAS ZUHAUSE EINES NEUEN NAMENS
DIE TÜR SCHLIESSEN

Das Heute öffnet sich ganz und gar. Lässt herein immensen Segen und die Fülle eines reichen Lebens, das gespeist wird durch Erkenntnis und das Eindringen in den Grund und Boden des Lebens. In den natürlichen wahren Grund und Boden des Lebens.

Liebe, du hast dich nun geöffnet, für die nächsten Wellen an Licht und Liebe. Deine Seele steht klar und deutlich hier an dieser Weggabelung. Sie lächelt, den sie weiß, das du dich erneut fürs Leben entschieden hast.

Sich für das Leben entscheiden ist ein Prozess, der sehr viel Kraft und Bereitschaft erfordert. In Wellen und Wogen überfluten die alten Muster und Programmierungen die Felder. Die Felder des Individuums, des Kollektives. Hier in all dem standhaft zu bleiben und sich dennoch den Bewegungen anzuvertrauen, erfordert Mut und Hingabe. Du bist nun in diesem Heute angekommen, um dich selbst aus uraltem Schmerz zu entlassen.

Über viele lange Wegstrecken hindurch hast du dich selbst ausgetrocknet und überhitzt durch uralten Wert und uralte Prämissen. Jetzt ist es Zeit dich zu lösen von VORstellungen des Lebens und VERstellungen des Lebens. Die erhöhten Frequenzen, das sich ergießende Licht, durchdringt dich und deine Felder. Vieles ist bereit bis auf einige uralte Energien und auch Egoenergien, die sich geschickt verstecken und ihre unglaublich manipulativen Spielchen spielen. Nun hier ist dein Wagemut gefordert, der nun wieder erwachen darf. Denn jetzt, jetzt brauchst du diese Kraft, die sich auf ihre so individulle Weise zu deinem Wohle entfalten darf. Dieser Wagemut ist eine Kraft in dir, die sich nicht berieseln lässt. Die nüchtern und klar

ist und einfach solange hinschaut bis alles aber auch alles im Licht ist. Hier lachen viele Engel, Brüder und Schwestern... einfach weil sie wissen von was hier gesprochen wird. Diesen alten Energien nicht auf den Leim zu gehen, wird dich eine Zeitlang beschäftigen. Manchmal wirst du sehr ungehalten sein, entnervt. Oft verwirrt oder angestrengt.
Doch wisse: Du hast die Kraft dem Teil in dir auf die Spur zu kommen, der dich aufhalten, ja zurückhalten will.

Das Ego kann zu einem wunderbaren Botschafter, ja Erkenner werden, wenn du der eigenen Entwicklung ein deutliches klares JA gibst und wenn du das Machtspiel durchschaust. Deine Machtspiele menschlicher Selbstdarstellungen, die dich von deinem Herzen entfernen, weil sie Angst haben. Ängste möchten da sein dürfen. Einfach so wie sie sind. Ohne das sie verändert oder zu etwas anderem gemacht werden. Sie möchten dir ihre *pure reine* Kraft zukommen lassen. Sie möchten dir Führung sein und dich ermutigen. Dich in den Bereichen deines Lebens unterrichten, in denen es darum geht dich selbst anzuhören. Dir selbst zuzuhören, ja dich zu erhören.

Viele Anteile von dir warten darauf wieder zu dir zurückkommen zu dürfen. Sie möchten von dir angenommen werden, damit sie sich zeigen, transformieren und integrieren können. Damit sie dir und deinem höchsten Wohl dienen können. *Du hast soviel von dir selbst zu erwarten*...in dem Sinne, das das zu dir kommt von dir selbst, das zu dir gehört. Das darf ganz ohne Druck und Erwartung geschehen und je mehr du dich dem Geschehen anvertraust, umso leichter geht es. Vieles davon geschieht auch einfach in der Stille.
HEILUNG URALTEN SCHMERZES kommt aus den tiefen deines Selbstes auf dich zu. Hier geht es darum bereit zu sein. Es geht darum Masken fallen zulassen. Es geht darum in den Spiegel zu schauen und wahrzunehmen, wer und was dir da entgegen sieht. Uralter Schmerz und tiefes Verwundet sein möchte erlöst werden. Möchte ganz in dein Herz genommen werden. Du bist dazu aufgefordert bereit zu sein. Bereitschaft macht das Herz weicher. Da wo es so hart geworden ist durch Selbstverletzung, durch alte Gnadenlosigkeit (auch in religiösem Sinne gemeint). Jetzt offenbaren sich Felder in deinem Leben, die dir deine Selbstverletzungen zeigen, um frei zu werden von Schuld und

Schuldzuweisung in jeder Form.

DAS ZUHAUSE EINES NEUEN NAMENS

lässt dich in (d)eine Seelenenergie kommen, die dich offen macht für die Annahme deines wahren Wesens. Erlaube dir in den Räumen deiner Seele herumzustreifen solange bis du einen Klang hörst, einen Namen, der dich berührt. Gestalte dies *so einfach* als möglich. Hier ist dein Denken nicht wichtig. Dein Wesen weiß wie sich dieses Finden anfühlt. Wie sich das Einlassen darauf anfühlt. Dieser dein neuer Name wird dir ein Zuhause sein und anbieten zu Hause zu sein. So wie du es nicht kennst und so wie du es dir auch nicht vorstellen kannst.

Hier bittet dich deine Seele dich ganz zu öffnen. Dich ganz und gar einzulassen. Denn auf diese Weise kommst du mit Energien in Kontakt, die du weder kennst noch benennen kannst. Erst durch die Erfahrung, das Einlassen darauf wirst du entdecken was gemeint ist. Bitte löse dich hier von menschlichen Vorstellungskräften. Sie stehen dir nur im Wege. Das Zuhause eines neuen Namens birgt in sich zahlreiche Führungen, die dich mit deinem Herzen und deiner Seelenwahrheit verbinden. Möglichkeiten ihrer unzählige...Was wird entstehen? *Deine Seele lächelt...Sie entlässt dich in deine Art des Entdeckens, des Findens, des Wahrnehmens.* Lass dich berühren und führen von dem, was dir neu erscheint. Was dich milde pur und rein anspricht.

Entlasse dich aus eng stirn igem Schauen, spüren, ja sehen und trau dich deine Blicke auszudehnen. Du kannst das sehr viel freier und offener. Halte dich nicht mehr fest an Altem, an Überlebtem, an Hochgehobenem, Hochgehaltenem...an dem, was dich in alte Strukturen einbindet. Lerne nun das freie Gewebe des Lebens zu betreten. Dich darin aufzuhalten. Und spüre den wahren Grund und Boden unter deinen Füßen. Erlaube dir deinen Grund und Boden *frei werden zu lassen von dem was du glaubst sein zu müssen.Was du glaubst tun zu müssen*. Erkenne das du da sein darfst.

Das Zuhause deines neuen Namens! Wundervoller Klang, der dir angehört. Erlaube dir nun mit deiner Seele zu sein. Hörst du wie sie dich ruft? Deine Seele sie wartet auf dich. *Lass dich von ihr empfangen und empfange sie.*

DIE TÜR SCHLIESSEN

führt dich in Bereiche, die du endlich verlassen darfst. Darauf hast du nun sehr lange schon gewartet. Jetzt ist die Zeit gekommen. In dir ist noch dieses alte Zaudern und Zögern. Es ist sehr alt. Du bist es gewohnt. Du hast solange in seinen weiten Kreisen, die es zog gelebt. Du hast dich diesem Zaudern und Zögern mit all seinen Erscheinungen anvertraut. *Mehr als deiner Führung*. In diesen alten Verhaltensweisen hast du Halt und eine Art Vertrautheit, ja eine Art Zugehörigkeit gefühlt, die für vieles Ersatz gewesen ist.

Nun liebe Frau gehst du aus diesen "Bann Kreisen" heraus. Lässt sozusagen alte Heimat zurück. Doch wisse: Du lässt eine Heimat aus vielen Illusionen hinter dir. Wenn dir das *noch klarer* ist und wenn es dir *noch bewusster* ist, wirst du aus deinem Innersten her *friedlich* damit umgehen können. Hier und jetzt in ganz anderen energetischen Bereichen anzukommen, löst sicher Einiges aus. Unsicherheit, Ratlosigkeit, ja auch Verzweiflung kann aufkommen über die immens starken Veränderungen. Über die Herausforderungen dem Alten weiter zu begegnen und sich dennoch dem Neuen anzuvertrauen. In dir geschieht sovieles auf einmal...und noch viel mehr, was der Mensch gar nicht erkennen kann.

Die Tür schliessen enthält verschiedene Informationen. Eine Türkann von innen geschlossen werden. Das kann dich darauf aufmerksam machen, in deinem Raum, deinen Räumen zu sein und bewusst darauf zu verzichten erreichbar zu sein. Dies kannst du auf seelisch geistigen Raum beziehen, sowie auf äußere Räume. Erinnere dich immer wieder selbst daran, das in dir alles ist was du brauchst. Erlaube dir dich auf *deinen Raum, deine Räume* einzulassen.

Lade Ruhe und Frieden ein.
Erlaube Ruhe und Frieden.
Empfange diese Ruhe und diesen Frieden.

Ruhe und Frieden möchten dir vieles möglich machen. Du darfst nun die alte Hetze ablegen. Die alte Hetze, die dir auch eine Art Lebendigkeit vermittelt hat. Eine Art Berechtigung zu leben. Schau durch deine klaren Augen darauf und du wirst erkennen. Jede Ablenkung von außen trägt dazu bei, das du deine Aufmerksamkeit von dir und deinen Räumen ablenkst. Jedes Mal wenn du die Tür aufmachst oder gar aufreißt, weil du es mit dir selbst nicht mehr aushältst...oder weil du dem anderer mehr Wert gibst...oder gar dir selbst wegen deiner Entwicklung mehr Wert und Lorbeer überreichst...sei hier achtsam und beobachte dich. All dies wird dich in die Freiheit führen. Erkenne wie offenbarend es ist, die Tür von innen zu schließen. Und geschlossen halten zu können. Das Öffnen der Tür kann so zu einer bewussten, frei entschiedenen Handlung werden.
Die Tür von außen zu schließen birgt ebenfalls unzählige Möglichkeiten zu Wachstum und Transformation. Zu tiefster Erkenntnis, Läuterung und Mitgefühl. Eine Tür wahrlich hinter sich zu schließen braucht Reife und das eigene Herz.

Die Tür schließen von innen, von außen...Zeichen...symbolisches gestalterisches Handeln in deinem Reifeprozess. Öffnendes segensreiches Erkennen, ja SEHEN.

DER MANTEL DES ALLEIN SEINS
DIE MAUER DES SCHWEIGENS
DER ALTE MANN AUF DER FLUCHT

Geliebtes Kind, geliebte Tochter, geliebte Frau!
Vor langer Zeit trug es sich zu, das ein Mädchen weinte. Es saß an der Feuerstelle, auf der es das Essen für die Familie zubereitet hatte. Das Feuer war nun schon lange ausgegangen und niemand war zurückgekehrt. Nicht die Mutter, nicht der Vater, nicht der Bruder, nicht der Großvater. Das Mädchen war alleine, ganz alleine...

Diese Wörter liebe Beate tauchen auf hier an diesem Punkt und sie bringen viele Bilder mit. Energien, die viel Schmerz tragen und dennoch scheint soviel Licht herein...Licht das jetzt dahin leuchtet, wo es schon lange ersehnt wird.

DER MANTEL DES ALLEIN SEINS

hat dich nun sehr lange schon umhüllt. In vielen Leben hast du diesen Mantel getragen und jetzt in diesem Leben scheinst du bereit dafür zu sein, ihn abzulegen. Es ist so stark spürbar wie sehr sich dein wahres Wesen danach sehnt...es ist als würden soviele Engel raunen, Schutzengel lachen, viele die sich mit dir sosehr freuen...leichtes liebevolles Gewahrsein von Brüdern und Schwestern ist anwesend...

IHN ABLEGEN DEN MANTEL DES ALLEIN SEINS...

Eng hat er sich um dich gelegt. Schwer und so dicht hält er dich umschlungen. Mit jedem Tag, den du ihn trägst, dringt er tiefer und tiefer in dich hinein. Zum einen wird er deine zweite Haut, die dich vor vielem schützt. Zum anderen wird er zu einer Grenze, die das Innerste einsperrt und das Äußere abgrenzt. Hier befinden wir uns in Räumen, ja Kräften, die sehr stark sind und die tief gehen. Hier taucht vieles auf, was gar nicht gern gesehen wird. Was sich lieber bedeckt hält und vorallem Angst.
Angst die am liebsten alles stoppen möchte.
Die am liebsten einfach weglaufen würde.

Und doch sie kann nicht. Sie kann nicht, weil sie im alten Mantel des Alleinseins steckt und nicht heraus kann.

Hier du Liebe beginnt nun dein neues Leben.

Wenn du dir zugestehst, das dieser Mantel des Allein seins sich dir ganz und gar zeigen darf, kommst du mit dem in Kontakt, was dich in die Freiheit führt. Versteh wenn sich dir all dies zeigen darf, wenn du willens bist all dies zuzulassen, wirst du das Potential darin erkennen können. All die Energien, die hier gebunden, eingeschlossen, ja verweigert werden möchten wieder fliessen. Möchten ihre Botschaften freigeben, auf das du sie dir zunutze machen kannst.

Deine Potentiale warten auf dich! Versteh im Herzenssinne das das Zulassen, DAS DA SEIN LASSEN des Allein seins und seiner Erscheinungen eine immense Öffnung ist in deinem Leben. Du wirst die Lehren empfangen, die hier für dich bereit stehen und dein Leben kann sich endlich von vielem lösen, was dich einengt und begrenzt. Du kannst loslassen und alte Muster dankend verabschieden. Der Mantel des Allein seins hat alle deine Lebensbereiche bestimmt. Alle deine Kontakte beeinflußt. Er hat deine schöpferische Energie ausgelaugt.
Nun bist du hier angekommen. Du kannst das Alte durchlichten und das Neue hereinlassen. SEGEN

DIE MAUER DES SCHWEIGENS

Diese Führung kommt mit einen starken Energie herein. Obwohl diese Stärke da ist, fühlt sich alles danach an, als würde es gestoppt werden. So wie wenn man vor etwas Übermächtigem steht und das Gefühl hat, das es hier nicht weiter geht. Im ersten Moment fühlt es sich so an als wäre das Übermächtige außen. Ja das ist auch so. Und doch ist dieses Übermächtige auch innen.

Behutsamkeit, Achtsamkeit und wahrlich Aufmerksamkeit sind hier gefordert. Viel Aufmerksamkeit. Alte sehr alte verlassene Bereiche des Lebens tauchen hier auf. Die niemals zu Wort kommen durften. Die sich niemals ausdrücken durften. Die einfach nicht gesehen und wahrgenommen wurden. Viele Menschen tauchen hier auf, die auf dich schauen und die auf dich einwirken mit ihren Energien. Schwer und sehr träge sind diese Energien und es ist als würden sie dich "zum Schweigen bringen". Damit ist gemeint, das du, dein Wesen zum Schweigen gebracht wurde. Ja regelrecht begraben wurdest du unter Mauern des Schweigens, die diese Menschen in sich trugen und tragen.

Diese Mauern sind auf dich übergegangen. Du hast sie übernommen. Kälte taucht hier auf. Lieblosigkeit. Abgestandene alte Wut auf das Leben, weil es nicht so ist, wie es sein soll. Tiefe Verleugnung von Intimität und Nähe. Ablehnung weiblicher und männlicher Liebeskraft. Stures rigides Denken und Fühlen. Uraltes Frömmeln, um sich über die eigenen Abgründe hinwegzutäuschen. Durch ihre Gegenwart wurden Teile in dir regelrecht TONLOS. Hier wird dir ein Bild vermittelt, was dir Führung sein soll. Schau auf ein Mädchen – dich - in bunten Kleidern...frisch und farbenfroh...dann kommen diese Energien und alle Farben verschwinden. Das Mädchen steht farblos, tonlos da. Ein zweites Bild wird eingebracht: Bunte bunte Blumen so lebensfroh...dann kommt dieser "Energieregen" und die Blumen haben keine Farben mehr.

Blicke tief...blicke tief...blicke tief...UND ERKENNE DICH SELBST

Das Übermächtige außerhalb von dir führt nun zum Übermächtigen in dir. Wo in dir, in deinem Leben leben die Mauern des Schweigens? Woraus sind sie entstanden und welchem Zweck haben sie für dich? Aus was hast du sie gebaut und ja brauchst du sie noch? Hier wirst du von deiner Seele gebeten genau zu werden. Damit du deinen eigenen Täuschungen nicht länger anheim fällst. Bitte erlaube dir hier das gesprochene Wort in seiner Liebe für dich anzunehmen. Die Mauern des Schweigens IN DIR – sie möchten erlöst werden VON DIR.

Das Übermächtige in dir will angenommen werden. Hier kommt dein inneres Kind herein, das dich bittet. Es bittet dich, dich weiter einzulassen und es möchte dir sagen, das es dich liebt. Und das es darauf vertraut, das du dem Weg der Liebe folgst. Dem Weg des freien Herzens.

Die Mauern des Schweigens schlagen auf dich selbst ein, auf andere. Sie halten dich in einem Kampf fest.
Du entscheidest. Wohin du gehst und was du erleben willst.

DER ALTE MANN AUF DER FLUCHT

Ist ein Symbol für Widerstand und Begrenzung. Der alte Mann auf der Flucht kümmert sich nicht darum, was in ihm nach Liebe und Zuwendung schreit. Er hat sein Flüchten sosehr verinnerlicht, das es ihm gar nicht in den Sinn käme zu erkennen, das er flüchtet. Er sieht auch nicht wie er flüchtet. Wie er Flucht inszeniert und was ihm die Flucht einbringt. Er sieht sich stark und fähig und alles was er an Schwäche, Beschämung, Antriebslosikeit, Selbstsabotage…und so weiter in sich trägt, färbt er soweit ein, das nichts mehr davon erkennbar ist. Das Einfärben von sich selbst und anderen beherrscht er wie ein Magier, der Illusionen schafft. Wenn er einmal die Kontrolle verliert, mutiert er für geraume Zeit zu einem weinenden Wesen, das sich selbst bemitleidet. Manchmal schlüpt er in die Rolle des Spielers. Ein ander Mal manipuliert er sich und die ganze Welt. Und wieder ein ander Mal flippt er aus, wird agressiv. Viele verschiedene Erscheinungsbilder hat der alte Mann auf der Flucht erschaffen.

Das wahre Leid, das er in sich trägt, kommt dabei nicht zum Vorschein. Das wahre Leid in ihm möchte sich ihm schon längst schenken und offenbaren. Ja anvertrauen. Es möchte ihm sein wahres Gesicht, seine wahre Stärke und seine wahre Größe zurückgeben.
Der alte Mann auf der Flucht bleibt stehen. Er erkennt seinen Selbstbetrug. Er erkennt, das er sein Leben missbraucht. Er erkennt das er sich selbst verschwendet.
Widerstand und Begrenzung – Manipulation und falsche Macht haben ihn fast umgebracht.

Der alte Mann auf der Flucht kommt in dieser Lesung herein wie ein Falter, der in der Dunkelheit dahin fliegt, wo das Licht ist. Dieser Falter ist schön und groß. Ja ein vollkommenes Wesen. Das Licht hat ihn magisch angezogen, ja ganz natürlich hat sein Wesen darauf geantwortet. Nachtfalter - was bringen sie dir. Was möchten sie dir sagen, was dir zeigen? Auch hier wirst du wieder entdecken können, wieviel WAHRES zu dir gebracht wird. Die Tiefe in diesem Teil der Lesung bringt Zugang zu mystischem natürlichen Wissen mit sich.

Männliche und weibliche Kräfte verströmen sich nun hier am Ende des zweiten Lesungsteiles, um dich daran zu erinnern, das es um Reingung und Klarheit geht. Um Balance und wahre Harmonie. Um Annahme und Erlaubnis. Läuterung und Metamorphose...gib dich hin...allen Phasen, allem...*und du wirst aufgehen wie ein Stern am Himmel...*

Sei herzlich begrüßt im neuen Schöpfungs Feld von Mann und Frau. Wenn du das willst.

TAUSEND STERNE
DIE NACHT DER SEELE
IM SIEBTEN HIMMEL

Alles regt sich, alles bewegt sich. Das Unterste wird nach oben geschoben. Gewaltige Kräfte am Werk, die herausfordern, auch überfordern und fördern. Nun wird es immer wichtiger für sich selbst sorgen zu können. Im Erfühlen der eigenen Bedürfnisse, die auf wahrem Grund und Boden reifen, findest du dein Heil. Dein Heil kann nur aus dir selbst kommen. Kann nur in dir selbst von dir selbst erkannt und erfahren werden. „Was brauchst du für dein innerstes Heil?" Diese Frage darfst du dir immer wieder erneut in alle Lebensrichtungen hinein stellen. In diesem Prozess des Wandels ist es enorm wichtig darauf einzugehen. So kannst du dir selbst Schutz und Fürsorge angedeihen lassen.

RUHE und STILLE sind nicht immer leicht zu "hand habende" "Lebenserfordernisse" und ja gleichzeitig NATUR DES LEBENS. Lebendigkeit und das Gefühl zu leben, werden nach wie vor hauptsächlich durch äußeres sichtbares Erleben definiert und durch sogenannte Resultate untermauert. Auch ein ständiges inneres Suchen oder an sich arbeiten oder dieses und jenes anschauen, kann ebenso darauf hinzielen sich lebendig zu fühlen. Um sich in gewisser einen LebensWERT zu verschaffen.

Ruhe und Stille sind WERT. Tauche ein in diesen wahren Wert so oft es dir möglich ist. Du weißt, das du oft deinen eigenen Inszenierungen zuviel und alte Aufmerksamkeit schenkst. Und das du dich dabei leicht verlierst. Das du dabei sinkst und dann schwer wieder aufstehen kannst. Du weißt auch, das du auf diese Weise so manches aufrecht hältst. Das bedeutet auch bei näherem Hinsehen, das du damit dein Leben füllst, damit etwas da ist. *Damit etwas da ist...ist eine wichtige Führung für dich* (auch damit du denken und fühlen kannst, damit du dich lebendig fühlst...). Um das was vermeintlich fehlt oder woran es mangelt nicht spüren zu müssen. Wenn dir etwas fehlt, so nimm es wahr, nimm es an. Lass das Fehlen und das Fehlende da sein, damit es sich zeigen kann. Lass das woran es dir mangelt da sein. So kommst du zu dir selbst, bist wieder in Verbindung und kannst deine eigene Lehre aus dir erhalten.

Sich leer zu fühlen, Leere zu erleben ist ein ganz natürliches Geschehen
in diesem Prozess der Wandlung.
Der Gang durch die Leere...fühle ob du dich weiter füllen willst mit alter Lebendigkeit und alten Kreationen.
Leere lehrt.

TAUSEND STERNE

und mehr möchten sich dir schenken. Sie möchten auf dich herabsinken, in dich hineinsinken. Sie warten darauf, das du still und ruhig bist, damit sie dich erreichen können. Damit sie ankommen können bei dir. Sie möchten angenommen sein. Sie möchten dir angehören. Liebe Beate hier wird dir in liebevollster reiner Weise mitgeteilt, wie wundervoll die Kräfte und Energien sind, die dich ereilen, wenn es dir gelingt zu verweilen. DA ZU SEIN. In Stille und Ruhe, ja Frieden. Dein innerstes Wesen sehnt sich schon sehr sehr lange nach Frieden.

Frieden in dir – mit dir, dem Leben – öffnet dir die Tür zum wahren Leben. Zum wahren SEIN. Tausend Sterne möchten sich dir schenken. Sie möchten dich mit deiner Seele verbinden, auf das du das Glück, die Freude, die Liebe...wieder fühlen kannst, die du bist...
TAUSEND STERNE und mehr...fühlst du deine Seele und was sie für dich bereit hält...WAHRES WESEN singen die Engel...DEIN WAHRES WESEN
es möchte weiter ankommen auf der Erde...

DIE NACHT DER SEELE

In liebevollstem Gewahrsein spricht deine Seele zu dir. Sie möchte dir liebevollst mitteilen, das sie weiß, das deine Reise anstengend, oft ermüdend und auch schwierig ist. Soviel Geduld ist erforderlich!
So oft überschwemmen Zweifel und Unsicherheit deine Ufer... Alles will nun aus deinen Feldern entlassen werden, was der alten Welt angehört. Nicht deinem Wesen entspricht...Alles möchte sich zeigen, da sein dürfen. Und nun, nun geht es um

Wohl das Wichtigste überhaupt: DEIN JA. Dein JA zu allem, was da erscheinen möchte. Dein JA zu dir und allem was da ist, lässt deinen Lebensfluss fließen. Sei bitte von nun an mit deiner Aufmerksamkeit und deiner Achtsamkeit am Werk. Nur du kannst das tun. Schaue und nimm wahr, wo du Widerstände aufbaust, wo du dich verkrampfst und in Leblosigkeit abtrifftest. Wo und wann du dich tot stellst, um nicht zu fühlen, was endlich wahrgenommen und entlassen werden will. Deine Seele ist da. Sie hält dich immer. Vertraue und erlaube dir zu fühlen...

UND HIER UND JETZT WISSE: ENTSCHEIDE DICH wenn du das wirlich willst IMMER WIEDER BEWUSST FÜRS LEBEN. So öffnest du dich für deine Lebenskräfte, dein Lebenswasser, das fließt in seiner Art, seiner Natürlichkeit. Richte alle Kräfte in dir auf Leben aus und wisse: Du kannst mit diesem Leben mitgehen. Dich mittragen, ja gleiten lassen.

DU KANNST DICH ANVERTRAUEN.

DEIN JA VERÄNDERT DEIN LEBEN.
Dein ja zu allem, was sich zeigt. Dieses Ja bringt die Potentiale zum Vorschein, die in der vermeintlichen Dunkelheit bereit für dich sind. Dein JA gibt dem Stimme, was du von dir hören und wissen sollst. Dein Ja erlaubt dir deine ureigensten Erkenntnisse. Gelingt dir dein ja immer mehr, so wirst du "in der Erkenntnis" fließen. Dein Leben wird immer mehr Erkenntnis, Dankbarkeit, ja Freude. Weil du mit einem Mal eintauchen und auftauchen kannst in und aus der NACHT DER SEELE ohne Urteil und Bewertung.

LICHT UND DUNKEL EIN WERK.
EIN HAUS.
EIN LEBEN.
ALLES SEGEN

DER SIEBTE HIMMEL

Ist die Führung für den letzten Teil der Lesung. Hier möchte dir mitgeteilt werden, das es an der Zeit ist LOS ZU LASSEN. Los zu lassen erscheint hier als Methaper für DAS LOS loslassen. Das Los der Frau, die nicht die Liebe bekommt, die ihr zusteht. Hier ist ganz ganz ganz ganz viel Liebe von dir selbst erforderlich, um diesen uralten übernommenen und selbst gebauten Käfig zu erkennen, zu enttarnen.

Was brauchst du? Deine reine wahre unschuldige Liebe von dir für dich. Diese Liebe nimmt dich an so wie du bist. Sie verlangt nichts von dir. Sie macht dich zu nichts Besonderem, was dir dann selbst im Wege steht.
    DIESE LIEBE WEISS DEIN WAHRES BESONDERS SEIN.
          VERLIEBE DICH IN DICH SELBST
  das Los der ungeliebten Frau, der nicht gesehenen, nicht
      gewürdigten Frau erlöst sich durch dich selbst.
                DANKE. SO SEI ES.

    INDEM DU DAS DEINE TUST, TUST DU ES FÜR ALLE.

SEI GESEGNET.
Nimm diese Lesung tief auf. Lasse die Augen deines Herzens SCHAUEN, dann wirst du die neue Saat erkennen und die neuen Felder. Wie du die neue Saat und die neuen Felder behandelst, liegt ganz bei dir.

DAS LEBEN IST ES, DASS DICH RUFT. ES RUFT STÄRER ALS JE ZUVOR NACH DIR. NIMMST DU ES AN? SAGST DU JA?

wähle Liebe
entlasse alte Macht
bewohne dein Herz
achte auf dein Wort
gib bewusst und frei

Blick

Nun frei von altem Wert
ihr Leben atmet
noch ungewohnt das urteilslose Sehen

aus altem Gefängnis entlassen...
die Seele sich öffnet und singt
erst leise kaum hörbar
dann laut und klar

sie wird wach und wacher
ihr Weg und ihre Schritte erscheinen

alle haben drauf gewartet
am meisen sie selbst

„Erkenne dich selbst" sie nun führt
LIEBE VOLL

BRÜDER UND SCHWESTERN AUF DER HEILIGEN REISE

Das Leben selbst verschenkt sich auf unglaublich liebevolle Weise. Die heilige Reise hat uns hierher gebracht. Jeder Mensch, jeder Bruder, jede Schwester ist Teil *einer* Menschheit. EINE MENSCHHEIT bewegt sich nun. Rund um uns und in uns werden Themen aktiviert, die nicht länger ungesehen, nicht länger ungehört bleiben wollen.

AUTORIN

Agnes A.
... mein Leben beschenkt mich reich. Es lässt mich eintauchen in meine schöpferischen Potentiale. Und ein natürliches Wachsen und Werden nimmt seinen Lauf. Menschen verfügen über soviele Talente und Anlagen, die ihnen zumeist nicht bewusst sind. Über Konditionierungen und Grenzen hinauswachsen. Sich den eigenen Seelenkräften wieder öffnen...sich wieder anvertrauen!

Hier im BeREICH wundervoller Gaben und Potentiale liegen meine Stärken, die ich gerne einbringe. Es ist so schön zu erleben, wenn ein Mensch das Eigene, das ganz individuelle Einzigartige in sich befreit und ins Leben bringt.

Kontakt:
anaiagold@gmx.at

Zur Seelenlesung
.... Eine Seelenlesung ist immer vollkommen individuell. Ein sich einlassen auf die Energien, die hier am Werk sind, bringt Unerwartetes ins Fließen. Die ureigensten Potentiale kommen hervor und übersetzen sich. Codiertes zeigt sich nach und nach.... Bilder und Töne werden zu Führungen.

WEITERE BÜCHER DER AUTORIN

Reich der Seele
Dem Menschsein auf
neue Art begegnen

Tabu
Aus dem Ozean der ungeweinten Tränen
Männertränen